図説

英国紅茶の歴史

Cha Tea紅茶教室

河出書房新社

図説 英国紅茶の歴史 目次

CAFE TEA ROOMS
HARROGATE
YORK

LIPTON'S
TEA BAGS

DIRECTORS BLEND

TAYLORS
TAYLORS
AFTERNOON DARJEELING TEA
20 SACHETS

THE REGAL COLLECTION
Harrods

TyPhoo TEA

Ridgways
Tea

はじめに

紅茶は東洋由来の飲み物です。現在でもその大部分はアジアやアフリカ諸国で生産されています。しかし、私たちが紅茶のセミナーを介して出会う多くの方々は「紅茶と聞いてイメージする国は」との質問に、たいてい「英国」と回答するのです。もちろん「紅茶の生産国は?」と質問をすれば、その答えは「インドやスリランカ」が最も多いのです。しかし「英国＝紅茶」のイメージは根強く、紅茶教室にいらっしゃるきっかけがホテルのアフタヌーンティーや、英国旅行など、英国の紅茶文化に惹かれて……という生徒の方々が多いのも事実です。紅茶生産国ではない英国。それなのに、紅茶のイメージを不動にしている英国。英国紅茶とはいったい何なのでしょう。

舶来品《はくらいひん》であったお茶が英国に初輸入されたのは、一七世紀半ばです。自国で生産できない高価なお茶は王族、貴族を中心にステイタスシンボルとしてたしなまれるようになり、労働者階級の憧れになりました。そしてヴィクトリア朝後期に、国民的飲料としての地位を確立します。その陰には植民地であったアメリカや、お茶の供給元の中国との大きな戦争、そしてアジア諸国の植民地での茶

栽培がありました。

緑茶、烏龍茶などにはそれぞれに奥深く興味深い歴史がありますが、紅茶の歴史の最大の特徴は消費国（英国）と生産国（アジア、アフリカ諸国）が異なることではないかと考えます。気候的に紅茶生産ができなかった英国が、国民全体に紅茶を行き届かせるためには、植民地での生産が必須でした。紅茶は英国の国力のシンボルともいえ、英国の権力の拡大と紅茶文化の形成はみごとに比例しています。洗練されたインテリア、こだわりの茶道具、おいしい紅茶にティーフード……。貴族の女性たちのアフタヌーンティーは、まさに英国の絶頂期に生み出された貴重な文化です。

現在、英国において紅茶は国民の嗜好品《しこうひん》としてだけではなく、観光資源としての役割も担っています。英国を訪れる人の多くは、ホテルのアフタヌーンティーを楽しんだり、さまざまなブランドのブレンドティーをお土産《みやげ》にしたりします。またカントリーサイドを旅する際に、ティールームに立ち寄ることを楽しみにしている方も多いことでしょう。

本書では、英国にお茶が紹介された一七世紀から現在までの歴史を、時系列にたどっていきます。文字だけでは想像がつきにくい事柄も多いため、できるかぎりその時々のお茶とともにある生活を描いたアンティーク画をそえてみました。英国紅茶の歴史を一緒にひもときましょう。どうぞ最後までおつきあいください。

＊Cha Tea紅茶教室所蔵の銅版画については、確認できる範囲で印刷年をキャプション文末に記した。

第1章

英国に紹介された東洋の茶

英国のお茶の歴史は、一七世紀前半に始まりました。大航海時代を経て、東洋貿易がさかんになったこの時代、それまで文書や口承でその存在を知られるだけだった東洋の特産物「茶」が、ついに英国に伝わったのです。

東洋貿易と茶

茶（ツバキ科ツバキ属の常緑樹カメリア・シネンシス）の存在は、紀元前二七〇〇年頃には、中国の雲南省《うんなんしょう》で確認されています。茶葉《ちゃば》そのものを薬として食・飲用していた記録が残っているのです。茶は生葉のままでは保存が難しいため、生葉を加工した緑茶が誕生し、その後、禅寺を中心に中国全土に広く普及しました。さらに九世紀には日本にも伝来、一三世紀初頭に栄西《ようさい》法師（一一四一～一二一五）が『喫茶養生記《きっさようじょうき》』（当時の健康読本）を著したこともあり、東洋の茶は、神秘的な「薬」のイメージで西洋人の関心を誘いました。

しかしこの時の「茶」は「紅茶」ではなく、あくまでも中国や日本で今も主流となっている「緑茶」でした。緑茶、紅茶はともに、カメリア・シネンシスの葉を加工した飲料ですが、この時代にはまだ紅茶の製茶技術は確立していませんでした。

「茶」に関しては、一五九八年にロンドンで出版されたオランダの海洋学者リンスホーテン（一五六三～一六一一）の著作『航海談』で初めて紹介されました。リンスホーテンはインドへの航海の過程で見聞したアジア文化に関する記述のなかで、日本の喫茶《きっさ》の習慣やマナーに言及し、「茶」は「Chaa《チャー》」として紹介されています。

書物では知っていても見たことも飲んだこともない、西洋人の憧れの緑茶。それを、西洋に初めて輸出した国は、我が日本とされています。しかしながらその相手国は、英国ではなくオランダでした。

一五世紀から始まった大航海時代を経て、日本には一六世紀以降ポルトガル、スペイン、オランダ、英国などさまざまな国の船舶が入港し、幕府の指導のもと、

「カメリア・シネンシス」は茶の学名です。現在は挿し木での繁殖が主ですが、当時は種子から育てていました。（1821年版）

1613年、平戸に英国商館が設置されました。写真の石碑は、1621年の古地図から商館が建っていたと推測される道沿いに立てられています。

オランダ東インド会社の本拠地だったアムステルダムでは、復元された当時の貿易船「アムステルダム号」が公開されています。

平戸《ひらど》には各国の商館が建設されました。なかでも、当時世界で唯一「株式会社」の形態だったオランダ東インド会社の活躍はめざましく、商館を築いた翌年、一六一〇年には、アムステルダムに日本の「茶」を運んだのです。

英国に残されている記録のなかで「茶」の文字が見られる最古の文は、平戸へ来航していたイギリス東インド会社の駐在員が残したものとされています。彼は一六一五年六月二七日付の手紙に、当時大坂に滞在していた同僚に宛て、「都から良質の茶を一壺送ってほしい」と記しています。しかしこの茶が、英国に届けられた記録は残念ながら残っていません。

英国は一六二三年、平戸から撤退しました。強国であったオランダとの利権争いに負け、香辛料の重要な拠点であったモルッカ諸島のアンボイナを失い、日本からの撤退をも余儀なくされたのです。そのため、その後数十年間、茶の貿易はオランダ東インド会社がリードするかたちで発展をしていきました。一六三〇年代、オランダ東インド会社の総督から平戸商館長に宛てた手紙には、「祖国のオランダ人がすでに茶について多少の知識があり、茶を評価している」こと、「価格の違う日本の茶三種類を一〇斤（一斤約六〇〇グラム）ずつ、合計三〇斤を本国に送ってほしい」ことなど、茶のサンプルを求める言葉が残されています。

この時代すでにオランダでは茶が輸入されており、王侯貴族を中心に喫茶の習慣が広まりつつありました。日本側には、一六三六年一一月に平戸を出航した船に、六八七斤の緑茶が積み込まれたという記録があります。しかしこの船はカンボジア付近で座礁《ざしょう》してしまい、積み荷の茶がオランダに届けられることはありませんでした。

この時期、東洋貿易に出遅れた英国でも、最初の「茶」が輸入されました。それはオランダ東インド会社が輸入したものを、英国が再輸入したものでした。当時の英国は清教徒《せいきょうと》革命で王政が倒れ、共和制になっていました。禁欲主義の清教徒向けに、茶がノンアルコールの「薬用飲料」として普及するかに見えましたが、贅沢品が倦厭《けんえん》されていた当時の英国では、さほどブームにはなりませんでした。

ちなみに英国で最初に茶を示す「Chaa」の表記は、一六四四年にイギリス東インド会社が中国の廈門《アモイ》に拠点地を築くと、福建語の茶を表す「Tay《ティ》」から「Tea《ティー》」に変化しました。現在西洋圏を含め世界

東洋から輸入された緑茶を東洋磁器で楽しむ、上流階級の家族。机の上には小さな中国製の急須も置かれています。(Two Ladies and an Officer Seated at Tea／Nikolas Verkolje 1715〜1720年)

各国の「茶」を意味する言葉は、陸路で伝播《でんぱ》した広東語の「Cha」と、海路を中心に伝播した福建語の「Tay」の二系譜に大別されます。広東語の「Cha」は陸路を経て、北は北京、朝鮮半島、日本、モンゴル、西はチベット、ベンガル、インドから中近東、さらに一部東欧圏に入りました。西洋ではポルトガルだけが澳《マカ》門《オ》を直接統治していたことから「Chá」を用いています。

コーヒーハウスでの茶の流行

英国で広く一般に茶が紹介されたのは、西洋諸国に宮廷喫茶文化が根づいたあとのことで、一六五七年です。場所は当時ロンドンのエクスチェンジ・アレイにあった「ギャラウェイ・コーヒーハウス」でした。

コーヒーハウスは現代でいう喫茶店の先駆けのような施設で、最初に登場したのは、トルコのイスタンブールだとされています。それが英国にも伝わり、一六五〇年に最初のコーヒーハウスがオックスフォードに誕生しました。異国情緒の漂うエキゾチックなコーヒーの香りは、学生たちを惹きつけ、勉学そっちのけでコーヒーハウスに出入りする学生たちに、教授らは眉をひそめたそうです。

その後コーヒーハウスはすさまじい勢いで英国全土に出現しました。最盛期には、ロンドンに三〇〇〇軒もあったといわれています。これほどまでにコーヒーハウスが人気を集めた背景には、禁欲の時代、酒類を出すパブより、ノンアルコール飲料を中心としたコーヒーハウスが世間的に好ましい社交の場として注目されたこと。また、当時流行していた死病ペストに対し、コーヒー独特の香りが予防になるという俗説があったことも影響したようです。そしてコーヒーより一足遅れて入ってきた茶も、ギャラウェイ・コーヒーハウスなど、東洋の神秘薬として多くのコーヒーハウスで提供され、人気を博しました。

コーヒーハウスのほとんどが、入場料は一ペニー、飲み物も平均一杯一～二ペニー。最低これだけ払えば何時間でもすごすことができました。一ペニーで多くの知識が得られる場所だということで、「ペニーユニバーシティー」とも呼ばれました。階級制度の厳しかった当時にしては珍しく、入店に制限がなかったことも特徴です。ただし、それは男性に限られ、女性は入店できませんでした。「アイドル」「バー・メイド」と呼ばれる女性給仕《きゅうじ》人《にん》はいましたが、カウンターでコーヒーや茶を淹《い》れる係としてでした。「アイドル」が美人だと、その女性目当てに客が来るとの理由から、採用面接では容姿が重要視されたそうです。コーヒーハウスは男性しか入れなかったため、男性が美人に入れあげても、妻が中に入って文句を言うことができない点も人気のひとつだったそうです。

　コーヒーハウスでは、茶を飲ませるだけではなく、希望する客には茶の淹れ方も教えました。淹れ方は、アジア諸国を訪れたことのある商人や旅行者のアドバイスをもとに指導していたそうです。茶はやかんや鍋で煮出して淹れたあと、ビールと同様に樽《たる》の中に保管されました。そして随時樽からやかんに移し、大きな暖炉の火で温め直してから客に提供されました。器《うつわ》に関しては大らかで、ビアマグと同じような陶器に入れられていました。

　一七世紀後半は、砂糖の輸入量が少なかったため、コーヒーハウスでは、茶はストレートティーで提供されました。ノ

1712年のロンドンのコーヒーハウスの一風景。コーヒーハウスは、文筆家にとって作家活動の場、新聞記者たちにとっては情報収集の場となりました。(Henry mariott private／1899年版)

ギャラウェイ・コーヒーハウスの建物は、隣接する建物の拡張工事に伴って1874年に取り壊されました。(1880年版)

1688年に開業したロイズ・コーヒーハウスは港の近くにあり、海洋貿易を営む人びとの情報交換の場となりました。のちにロイズは海洋保険組合として発展します。(William Holland 1798年／1943年版)

コーヒーハウスはしばしば政治的な談義の場にも利用されました。時には喧嘩が起こることもありましたが、そんななか、紅一点の女性給仕人「アイドル」の存在は、人びとの心をやわらげました。（Edgar Bundy／The Graphic 1894年4月14日）

ンアルコール飲料のコーヒーや茶、ココア、ハーブティーを飲みながら、当時流行のタバコを吸い、談論にふける、これがコーヒーハウスの日常風景でした。

談義好きの男性が集まるコーヒーハウスという場所で、英国で初めて茶を販売したギャラウェイ・コーヒーハウスは茶の宣伝のために、まず茶の効能を記載したポスターを店内に貼り出しました（このポスターは現在大英博物館所蔵）。ポスターには「古い歴史や文化を誇る東洋の国々では、茶をその重量の二倍の銀で売買している」と、冒頭からその価値の高さが強調されていました。

さらに茶の効能については「頭痛、結《けっ》石《せき》、水腫《すいしゅ》、壊血病《かいけつびょう》、記憶喪失、腹痛、下痢、悪夢などの症状に効き目があり、ミルクや水をお茶とともに飲めば肺病の予防に、肥満の人には食欲を適度に抑制し、暴飲暴食後の胃腸を整える」と紹介されています。これは茶に関する英国最初の宣伝文といわれています。

当初売られていた茶はオランダからの輸入品で、一ポンド（約四五〇グラム）につき六ポンドから一〇ポンドでした。当時の労働者の平均年収は四ポンド程度でしたので、茶の値段は大変高額だったことがわかります。その価格分、人びとはその薬効に大きな期待を抱いていたことでしょう。しかしギャラウェイ・コーヒーハウスが謳《うた》った茶の効能は、その化学成分を独自に調査したわけではなく、オランダの商人や宣教師、医師たちの私見をそのまま引用したものでした。とくにオランダの医師ニコラス・ディルクス（一

描かれている人物はお茶好きで知られたサミュエル・ピープスです。彼は1660年9月の日記に、初めてお茶を飲んだことを書きました。（United Kingdom Tea Companyの広告／The Sketch 1894年5月23日）

1666年9月2日にパン屋から発火した炎は、ロンドンの街を4日間燃やしつづけました。この火事によりセントポール大聖堂をはじめとした87の教会、1万3200戸の家が被害を受けました。この火事をきっかけに火災保険が生まれました。(1930年版)

五九三〜一六七四）が一六四一年に著した『医学論』のなかには「茶を摂取する者は、その作用によって、すべての病気から逃れ、とても長生きできる。茶は肉体に偉大な活力をもたらすばかりでなく、茶を飲めば胆石《たんせき》、頭痛、風邪、眼炎《がんえん》、喘息《ぜんそく》、胃腸病にもかからない。そのうえ、眠気を遠ざけ、不眠を可能にする効能があるので大いに役立つ」という内容も記されていました。こうした効用は、現代からするとあまりに誇張されているといえるでしょう。

英国人にとって中国や日本は、優れた文化をもった神秘的な先進国でした。茶はまさにその代表といってよく、強い憧れの対象になっていたと推測できます。一六五八年九月には「高貴な方々ならびに医師によってその効能が証明された、中国でCha、その他の国々ではTayまたはTeaと呼ばれている中国の飲み物がコーヒーハウス、サルタネス・ヘッドで売られている」との新聞広告もうたれています。

英国の海軍省書記で日記作家としても著名だったサミュエル・ピープス（一六三三〜一七〇三）は、一六六〇年九月二五日の日記に、「一杯のお茶（中国の飲み物）が出てきた。これは私がこれまでに飲んだことのないものであった」と書いています。ピープスはグルメとして知られていたので、彼が初めて茶を飲んだこの年あたりから、少しずつ茶が万人に享受《きょうじゅ》されるようになっていったものと考えていいでしょう。

同年英国政府は、コーヒーハウスで提供される茶一ガロン（約四・五リットル）に対し八ペンスの税金をかけました。いずれ、茶が税収を見込める重要な贅沢品《ぜいたくひん》になることを見越していたのでしょう。税金が茶葉にではなく、「茶液」にかけられたのは、先に述べたように、コーヒーハウスで茶の抽出液が樽に保管されていたからです。この課税制度は営業上コーヒーハウスに大きなダメージを与えました。監視官は日に一〜二回、検査に訪れ、検査が済むまでは、樽の中のお茶を客に提供することができないルールだったからです。一六六三年には、コーヒーハウスの経営者は裁判所の認可を経て免許の取得が義務づけられ、違反すると一か月につき五ポンドの罰金が課せられました。茶への課税による政府の税収は年々増大していきました。

英国の茶の歴史において、先駆的な役割を果たしたギャラウェイ・コーヒーハウスは、一六六六年のロンドン大火で焼け、復興したものの一七八四年に再び火災にあい、一八四六年に廃業しその姿を消しました。

こうして薬効重視で始まった英国の茶は、一六六〇年に共和制政府が倒れ、王政が復古したことで、華やかな宮廷喫《きゅうていきつ》茶《さ》というかたちで発展していくことになります。

第2章

英国宮廷喫茶の発展

共和制が終わり、王政が復古した一七世紀後半。英国の豪華絢爛《ごうかけんらん》な宮廷《きゅうてい》文化が再び花開きました。東洋貿易の主役であった茶は、宮廷人たちを魅了し、社交の要となっていきます。

王政復古 宮廷喫茶の始まり

チャールズ一世（一六〇〇～一六四九）亡きあと、共和制の時代が続いていた英国。一六六〇年には再び王政が復活しました。革命により斬首《ざんしゅ》されたチャールズ一世に代わって、息子チャールズ二世（一六三〇～一六八五）が亡命先のフランスから帰還し、英国王として即位しました。そんなチャールズ二世と、一六六二年、政略結婚して妃《きさき》となったのが、ポルトガルの王女キャサリン・オブ・ブラガンザ（一六三八～一七〇五）でした。

　ポルトガルは、ひたむきなキリスト教布教により幕府から倦厭され、出島貿易から排除されていました。東洋貿易の主導権はオランダに奪われ、さらに大国スペインからも目《め》の敵《かたき》にされていました。そのため、軍事力を強化していた英国との同盟が画策されたのでした。

　ブラガンザ王家はこの婚礼の際、英国にインドのボンベイ（現・ムンバイ）や北アフリカのタンジールの譲渡、さらにブラジル、西インド諸島への自由貿易権を与えました。オランダに先を越され、海外進出に後れをとっていた英国は、これらの領地の譲受により海外進出の拠点を得たわけです。実際、ボンベイはのちにイギリス東インド会社がインド帝国経営を拡大していくうえでの足がかりになりました。しかし当初、チャールズ二世も議会の重臣たちも、タンジールやボンベイのもつ価値を十分に理解できていなかったようです。チャールズ二世は重臣に、「タンジールというのはいったい何なのだ？」と尋ね、家臣たちはあわてて調査をしたといわれています。

　キャサリン王女は輿入《こしい》れに際し、船舶三隻の船底を埋める茶、砂糖、スパイスを搬入しました。中国やブラジル、インドなどに植民地を構え、交易を行っていたポルトガルならではの逸話《いつわ》といえるでしょう。英国までの船旅に携帯用の茶道

キャサリンは23歳で英国王に嫁ぎました。当時の王侯貴族は10代で結婚することが普通だったため、彼女は跡継ぎを得るという重圧に絶えず悩まされました。（Sir Peter Lely／1833年版）

新婚間もないチャールズ二世とキャサリン王妃。これからダンスを踊るのでしょうか。（Sir Peter Lely／1822年版）

具を持ち込み、船酔い防止に努めていたキャサリン王女は、まだ喫茶が普及しておらず、まして女性が茶をたしなむのはきわめて異例なこととしていた英国人をとても驚かせたそうです。

　母国を誇りとしていたキャサリン王妃は、自らに与えられた私邸サマセットハウス、公邸ウィンザー城の室内に、東洋から輸入した茶簞笥《ちゃだんす》を並べ、中国や日本の磁器を飾りました。そんな異国情緒あふれる部屋で、彼女はたびたび茶会を催しました。茶を所持するだけでなく、それを楽しむ高価な茶道具、そして洗練されたマナーをもち合わせた王妃に、人びとは魅了されます。

　当時王妃が愛用していた茶道具のうち、最も注目を集めたのが、東洋の磁器製「ティーボウル」でした。磁器を作る技術は一七世紀の西洋にはまだありませんでした。白く、そして透けてしまうほど薄いにもかかわらず、西洋の陶器よりも耐久性に富むティーボウルは、施された美しい青の絵付けとともに、人びとの賛嘆《さんたん》の的となりました。東洋の高価な茶道具を手にした姿を、肖像画に描かせる貴族もあとを絶ちませんでした。

シノワズリー趣味を反映させた室内。中国製の茶簞笥はステイタスの証でした。

　初期のティーボウルはとても小ぶりでしたが、これは茶が薬だったこと、そして高額な商品だったことを表しています。王妃は茶を飲む前にバターつきのパンを食べるという習慣も宮廷に広めました。これは刺激の強い茶で胃を痛めないための工夫でした。

　一六六二年一一月二五日のキャサリン王妃二四歳の誕生祝いの際に、王妃に茶のもてなしをうけた宮廷詩人エドマンド・ウォーラー（一六〇六〜一六八七）は、「王妃よりすすめられて茶をうたう」という題の、英国文学史上初めて茶をテーマにした詩を書きました。ウォーラーはこの詩のなかで、王妃が英国にもたらし

中国で「青花」、日本で「染付け」と呼ばれたブルー＆ホワイトの器は人びとの憧れでした。

たふたつの贈り物を賞賛しています。そのひとつは茶、そしてもうひとつは茶の生産地へ通じる航海路です。

茶によせて
ヴィーナスが身にまとう天人花《マートル》
アポロが冠る月桂樹
そのいずれにも勝る茶を
陛下はうやうやしく礼讃された
最高の王妃 そして最高の木の葉
それは日いずる
美しい地にいたる道を示してくれた
かの勇敢なる国のおかげ
その地で採れる
その豊かな飲み物を 我らは賞《め》でる
詩神《ミューズ》の友である茶は
我らを癒やす極上の品
頭に立ちこめるよからぬ妄想を鎮《しず》め
魂の宮殿の平静を保つ
王妃の誕生日を祝うに
ふさわしい飲み物

イギリス東インド会社は、キャサリン王妃の輿入《こしい》れでインド貿易の拠点を手に入れ、東南アジア経由で茶の輸入に成功します。一六六四年、イギリス東インド会社の船がインドネシアのバンタムから帰航した際には、銀のケースに入ったシナモンオイルと、良質の緑茶が王室に献《けん》上《じょう》されました。チャールズ二世はこの茶を王妃に贈りました。以後、茶は献上品のリストに必ず載《の》ることになります。

王妃は茶に、ともに高価な贅沢品だった砂糖とサフランをたっぷりと入れ、惜しげもなく来客にふるまいました。彼女の影響で、英国宮廷には「嗜好品《しこうひん》」としての「宮廷喫茶」がもたらされました。英国での喫茶の普及においてキャサリン王妃の功績はとても大きく、のちの世に彼女は「ザ・ファースト・ティー・ドリンキング・クィーン」と呼ばれるようになります。

一六六七年、サミュエル・ピープス（一一頁参照）は、妻が医師の勧めで「風邪薬として茶を淹れている」と日記に書いています。宮廷喫茶の誕生とともに、茶が少しずつ上流階級の家庭にも「薬」として定着していったことがわかります。

一六六九年、イギリス東インド会社の正式な記録に、茶の輸入量が記載されます。ロンドンに届けられた一四三ポンド（約六四キログラム）の茶のうち、二一ポンド（約九・五キログラム）はキャサリン王妃に献上されました。この年英国は、オランダから茶を購入することを禁じ、独自の買いつけでまかなう方針を固めます。一六七九年三月一一日にはロンドンで、イギリス東インド会社が主催して初めて茶のオークションが開催されました。初期のオークションは「by the candle」の愛称で呼ばれていました。進行スピードが遅く、なかなか競売の体《てい》を成さなかったため、キャンドルが一インチ（二・五四センチ）燃えた時点でハンマーが打たれ、売買成立とされたからです。

また、一六八六年までは、イギリス東インド会社の社員が「個人交易」のかたちで茶を輸入するケースもありました。東インド会社の船には、船長や上級船員に許された「個人交易」のための荷積みスペースがありました。流通量が少なく、かつ高価だった茶や陶磁器も、個人交易の場合は割安で買い入れることができました。しかし個人交易は、一六八六年には全面的に禁止されます。茶や陶磁器の正式な交易品としての価値を、将来損ないかねないと、危惧《きぐ》されたためです。

オランダ式喫茶マナー「お茶を受け皿」に

英国の宮廷に「宮廷喫茶」というすばらしい文化をもたらしたキャサリン王妃

バターつきのパンとお茶のセット。シノワズリー柄のティーセット、たっぷりの砂糖、そして胃を守るためのパンが描かれています。（Galley／1960年版）

メアリ・オブ・モデナ、29歳の肖像画。（Willem Wissing／1903年版）

娘メアリと、娘婿のオレンジ公ウィリアムの上陸の一報を聞き、動揺するジェームズ二世。（E M Ward／1875年版）

ですが、子宝には恵まれず、王位はチャールズ二世の弟ジェームズ二世（一六三三〜一七〇一）に譲られることになりました。

　ジェームズ二世は皇太子（ヨーク公）時代に二度結婚しています。最初の妻はメアリ王女とアン王女という二人の娘を残し他界しています。その後、さらに男児を望み、後妻を探していたジェームズ二世のもとに嫁いできたのが、メアリ・オブ・モデナ（一六五八〜一七一八）でした。当時、チャールズ二世とキャサリン王妃がロンドンにいたため、スコットランドのエディンバラが彼らの新居となりました。オランダの宮廷ハーグで花嫁修業をした若いメアリにとっては、流行の最先端オランダから一転、田舎町エディンバラでの生活。エディンバラの宮廷文化は当然、彼女の望むレベルではありませんでした。まだ宮廷喫茶が根づいていなかったエディンバラ宮廷に、彼女はお茶をたしなむ習慣を伝えたといわれています。

　一六八五年、チャールズ二世が逝去し、ジェームズ二世の統治時代に入ると、夫妻はロンドンに居住地を移します。ロンドンの宮廷には、キャサリン王妃の影響ですでに宮廷喫茶の習慣が定着していました。しかし、その作法はキャサリン王妃が故郷で身につけた「ポルトガル式」でした。メアリ王妃は流行の最先端ハーグ仕込みの最新の喫茶マナーを英国宮廷に紹介します。それは、やかんで煮出した緑茶をティーボウルに移し、さらに「受け皿に移して飲む」というスタイルでした。

　熱いものを飲みつけない西洋の人びとにとって、熱湯で淹れる茶はとても飲みにくく、受け皿に移したのは冷ますための工夫だろうといわれています。この飲み方はオランダに発祥し、フランス、オーストリア、ドイツ、ロシアなどの国々に広がっていましたが、英国ではまだ知

ケンジントン宮殿には、メアリ二世が収集した東洋磁器が現在も飾られています。

家庭的な性格だったメアリ二世は戦争から帰る夫を温かく迎えるため、室内のインテリアに心を配る女性でした。（Willem Wissing／1930年版）

られていませんでした。茶に少しずつなじんでいた英国の女性たちに、メアリ王妃がもたらしたこのオランダ式喫茶マナーは、新たな衝撃を与えました。

　流行につねに敏感だったメアリ王妃は、一六八〇年代にフランスで流行った、茶にミルクを入れる「ミルクティー」も率先して取り入れ、宮廷に広めました。ミルクティーが普及した理由はさまざまにいわれています。ひとつは、当時茶はまだまだ高価な品だったので、貴重な茶液の量を増やすため。次に、温度を下げて飲みやすくするため。また、茶の渋味《しぶみ》を緩《かん》和《わ》するため。さらには、薬の効果はとても強いとされていたので、ミルクでその効果を緩和するため……等々です。

　濃く煮出した緑茶、たくさんのスパイス、砂糖、そしてミルク。高価な茶に、たっぷり入れるスパイスも砂糖も、茶と同様に輸入品だったので、喫茶は贅沢の極《きわ》みでした。当時「スプーンが立つほど濃いお茶」をいただくことが貴婦人の憧れでした。カップの中に溶けきれないほどたっぷりの砂糖を入れると、スプーンが立つのです。そして茶会の席では「虫歯」の数をお互いに競い合ったというのです！　この頃使われた「金の楊枝（虫歯を人に指し示すための道具）」がアンティークとして残っていることも、さらに私たちの驚きを大きくします。

　最先端の宮廷喫茶を英国に広めたメアリ王妃でしたが、しだいに母国のカトリック信仰を強め、国王とともにカトリック啓蒙《けいもう》に走ったため、プロテスタントである英国国教会を重んじる議会から倦厭されるようになりました。彼女はその後、待望の王子を産みましたが、危機感を強めた英国議会によって失脚させられることになります。

発酵茶の誕生

　ジェームズ二世は、一六八八～八九年の「名誉革命」で追放され、ジェームズ二世の娘メアリ二世（一六六二～一六九四）が王位を継承しました。メアリ二世は幼くして従兄弟のオレンジ公ウィリアム（オランダ総督兼英国王ウィリアム三世）に嫁いでいました。そのため、ハーグの宮廷生活を経験し、茶のたしなみ方を完璧《かんぺき》に身につけていました。磁器の収集が趣味だった彼女は、まだ珍しかった東洋の神秘的な磁器をたくさん英国に持ち帰ります。

　メアリ二世は手持ちの磁器をケンジントン宮殿、ハンプトンコート宮殿の各部屋にコーディネートしました。「量より質」をモットーとしたそのセンスに人びとは目をみはり、女王にならい東洋の品々をコレクションしたり楽しんだりすることが、上流階級の間で流行します。このような趣味は「中国趣味《シノワズリー》」と呼ばれました。

　メアリ二世は家庭的で、ひかえ目な性格でした。そのため、それまでの英国宮廷で慣例化していた王や王妃の食事風景を臣下や国民に見せるという習慣を好まず、食事もお茶の時間も夫や親しい友人とのみ楽しみました。流行のシノワズリーの茶器を愛《め》でながらおしゃべりをするための茶室は、重厚なオーク材を張り巡らした落ち着いた雰囲気の小部屋で、その部屋にふさわしい小さめの絵をメアリ二世自ら選び出し、組み合わせることも楽しみだったそうです。

精巧な作りのティーキャディボックス。内部の箱やガラス製のボウル、オリジナルの鍵まで現存しているものは数が少なく、とても貴重です。（1800年初頭）

　メアリ二世が即位した一六八九年、イギリス東インド会社は中国・廈門で念願の茶の直接貿易を実現させます。これにより、茶の輸入量は格段に増え、さらに価格も安定していきました。イギリス東インド会社が茶の輸入に重点をおいた背景には、茶の樹が国内に自生しておらず、輸入により国内生産業者の怒りをかう恐れがなかったということもありました。同じ頃、インド木綿の輸入にも力を入れていたのですが、国内の織物製造業者から大きな反発にあっていたのです。

　またこの時代、中国の茶所、福建省の武夷山《ぶいさん》で新しい発見がありました。緑茶とは別の製造方法による茶が生まれたのです。その誕生にはいくつかの説があります。「農民が緑茶作りをしていた途中で、戦乱に巻き込まれ、緑茶作りを放棄し逃げ、再び戻ってきたら茶が半発酵《はっこう》していた」「緑茶作りの最中に皇帝陛下が村に立ち寄ることになり、接待に追われていたところ、放置した茶が発酵し、甘い香りの茶が仕上がっていた」などです。これが、現在の烏龍茶《ウーロンちゃ》にちかい、半発酵茶の技法の誕生でした。

真鍮で装飾が施されたティーキャディボックス。まるで宝箱のようです。（1840年代）

　当時福建省の港から茶を輸入していたイギリス東インド会社は半発酵茶の存在を知ると、ただちに輸入にとりかかります。英国には、つねに珍しい商品を求める王侯貴族が待っていたからです。武夷がなまり「ボヒー」と呼ばれた当時の半発酵茶は、当初輸入量も少なかったため、新しく珍しい茶として注目を集めます。この茶は、英国の硬水や、ミルクを入れる飲み方にとても合ったこと、偽茶が作りにくかったこと（四〇頁参照）、緑茶より航海中の傷みが少なかったことなどから、一八世紀後半には輸入量で緑茶を超えるようになります。

　ボヒー茶の誕生により、茶会のスタイルも変わりました。会を主催する女主人が客人に「緑茶とボヒー茶、どちらのお茶がお好みですか？」と尋ねるマナーも確立します。客人のマナーとしては、どちらも高価なもので、家主自慢の逸品《いっぴん》であることから「どちらでも結構です」と答えることとされました。家主が客を前に緑茶とボヒー茶をブレンドすることも流行します。目の前にいる客人のために、家主自ら茶をブレンドすることは、手あついもてなしとされたのです。

その時使用されたのが「ティーキャディボックス」と呼ばれる木製の茶箱でした。キャディの語源はマレーシアの重量単位「カティ」とされます。茶は東洋からの輸入時、一斤（約六〇〇グラム）単位で運ばれ、マレーシアでは一斤のことを一カティと呼んでいました。当時東南アジアからさかんに茶を輸入していたイギリス東インド会社が、この言葉を「キャディ」と転訛《てんか》させたのでしょう。

信仰心の篤かったアン女王は、姉夫妻の時代には中止されていた「王のお触り」の儀式を復活させました。王に触れると病が治り、幸せになると信じていた当時の人びとにとって、この儀式は重要なものでした。アン女王が手をかざしている男児は幼少期のサミュエル・ジョンソン博士です。（1894年版）

緑茶しかなかった時代は、ティーキャディボックスは一つ箱で十分でした。しかし半発酵茶が登場すると、真ん中に仕切りのある二つ箱が主流をしめるようになり、真ん中にふたつの茶をミックスするためのガラス製のボウルがついた凝ったデザインも出てきました。

上流階級の大邸宅に雇われていた使用人の多くは、高価な茶を買うことができなかったので、家主が楽しんだあとの二番煎じ、三番煎じの茶を、捨てずに楽しんでいました。なかには使用前の茶葉や、茶と同じくらい高価で貴重な砂糖まで失敬《しっけい》する輩《やから》も……。そのため、ティーキャディボックスは必ず施錠《せじょう》され、その鍵は女主人自らが肌身離さず管理したそうです。

ティーキャディボックスはオーダーメイドが普通で、使用する木材にも家主の好みが取り入れられました。とくにローズウッドやマホガニーが人気でした。装飾にも、象牙《ぞうげ》や白蝶貝《しろちょうがい》といった異国の素材が多用され、貴婦人たちは互いのティーキャディボックスの美しさを競いました。

一六八九年にはコーヒーハウスで茶の抽出液にかけられていた茶税が撤廃され、代わりに茶一ポンドに対し二五セントの関税がかけられるようになりました。コーヒーハウス以外の場所での喫茶が目立ってきたことから、英国政府は茶葉そのものに関税をかけることにしたのです。

茶道具、茶専門店の発展

メアリ二世には子どもがいなかったので、妹のアン王女（一六六五〜一七一四）は早くから王位後継の候補と目されていました。メアリ二世亡きあと、義理の兄であるウィリアム三世（一六五〇〜一七〇二）も没すると、アン王女は一七〇二年、英国女王として即位しました。

アン女王の時代、また新たな茶道具が流行します。「ティーポット」の普及です。茶は長い間、煮出して淹れる方法がとられていましたが、一七世紀末、ポットが輸入されてきました。しかし東洋のポット、つまり急須《きゅうす》は、西洋人には小さすぎたようです。茶がまだまだ「権力や富の証」「客人に対する最大のもてなし」であった時代、西洋人には大きなポットこそ、理想だったのです。

アン女王は、姉のメアリ二世と異なり、とても社交的な女性でした。友人も多く、宮廷では連日夜中までパーティーが開かれていました。中国製の小さな急須では大勢の来客には対応できません。そのためアン女王は、純銀で、大ぶりのポットを作ることを命じます。当時はまだ、英

優美なクィーン・アン・スタイルのティーポットは、今でも人気のデザインです。（英国製／1864年）

中国製のティーポットとティーボウルをトレイにのせている女性。（Philip Mercier／1740年代）

Column

イギリス東インド会社

イギリス東インド会社（English East India Company）は1600年にエリザベス一世の勅命により創設されました。形態が当座会社だったため、オランダの東インド会社に比べると資金力も組織力も弱く、貿易競争でオランダに負けてしまいます。イギリス東インド会社が本格的に活躍するのは、名誉革命により、1689年、オランダ総督の地位にあったウィリアム三世とその妻メアリ二世が王位についてのちになります。貿易の主役だったオランダの後押しを得られるようになったこと、貿易の形態を一度限りの当座会社から10年単位の投資に切り替えたこと、そして最終的にはオランダと同じ株式の形態に切り替えをしていったことなどから、会社は勢力を増しました。

ビリターストリートにあった頃の、イギリス東インド会社の建物。（1877年版）

お酒好きで知られたアン女王は、後世に酒の広告のイメージモデルとして使われるほどでした。（Hill Thomson & Co. Ltd. の広告／1960年代）

モーニングティーを描いた絵画。目覚めの１杯にお茶をたしなむことは、アン女王の影響で上流階級の日常となりました。（Morning／Richard Houston 1758年／1890年版）

セントポール大聖堂の前にあるアン女王の銅像。

国内で磁器が生産できなかったため、純銀を素材にしたのです。アン女王が愛していたフルーツ、高価な洋梨をモチーフに英国で作られた銀のポットは「クィーン・アン・スタイル」と呼ばれるようになりました。銀のポット（銀のポットがない場合は中国製の急須）で、客の目の前で茶を淹れることは、上流階級としてのステイタスシンボルとなり、茶の席で客人が女主人と会話を楽しむのが社交の新しいスタイルとなりました。

　お茶を飲む時間帯も、大きく変化します。茶は紳士のたしなみだったので、もちろん男性たちもお茶を楽しんでいました。晩餐会のあとはドローイングルームと呼ばれる応接間に移動して、食後のお茶を楽しむのがならわしでした。しかし、アン女王は「ブランデー・ナン（ナンはアンの別称）」と呼ばれるほど酒を好みました。信仰心の篤かった彼女は、よくセントポール大聖堂を訪れたといいますが、実は大聖堂の近くに酒場があり、そこで一杯、お酒を飲むのが楽しみだったようです。

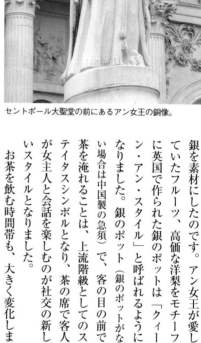

　セントポール大聖堂の正面に立つアン女王の銅像の台座には、当時次のような戯《ざ》れ唄《うた》が書き込まれていたといいます。「ブランデー・ナン、ブランデー・ナン、窮地を余所に、顔は酒場に、背は聖堂に」。さすがに今はこのような書き込みは存在しないのでその真偽《しんぎ》はわかりませんが、アン女王がブランデーにおぼれたのは、夫との間の子どもを次々に流産や死産で失った悲しみからの逃避《とうひ》ではないかといわれています。

　いずれにせよ、アン女王は食後はブランデー、お茶は朝に飲むことを好みました。姉のメアリ二世の時代、上流階級の人びとは、朝にはたいていホットチョコレートを飲みましたが、アン女王の影響

Column

コレクション性の高いキャディスプーン

18世紀に人気の高かった茶道具のひとつに、茶をすくうためのキャディスプーンがあります。キャディスプーンは客の前で使用するため、人に見られることを意識して装飾にこだわって作られました。茶がまだ高価だった時代、茶とともに荷揚げされる南の島の貝殻なども女性に大人気で、異国情緒あふれる茶会では貝殻をスプーン代わりにして茶をすくう……というパフォーマンスが見ものでした。そのため、初期の頃からキャディスプーンは貝殻形のものが人気でした。英国の「ヴィクトリア＆アルバートミュージアム」のシルバーコーナーには、引き出しの中にズラリとキャディスプーンが保管されています。きっとその美しさと技巧のこまやかさに多くの人がため息をつかれることでしょう。

ヴィクトリア＆アルバートミュージアムのシルバーコーナー。装飾性に凝ったキャディスプーンは圧巻です。

オランジェリーでは紅茶とともに、英国伝統の茶菓子が楽しめます。

当時ガラスは贅沢品だったため、高額な税金がかけられていました。オランジェリーは、大きな窓が全面に設置されており、非常に贅沢な空間となっています。冬は温室としても使用されました。

で朝食に「茶とバターつきのパン」をとる習慣が確立していきました。特別なシーンではなく、日常のなかに茶が入り込んだ女王のティーライフは、多くの人びとに影響を与えました。アン女王は執務中であってもティーボウルを離さなかったそうです。

アン女王は美意識も高く、お茶を楽しむ環境にもこだわりました。公務を行っていたウィンザー城をはじめ、いくつもの宮殿にお茶を飲むためだけの、専用の茶室をもちました。好みのインテリアの部屋にお気に入りの婦人たちを集めて丸いテーブルを囲み、インドから輸入された最先端のインド木綿のガウンを着てお茶を飲むアン女王の姿は、多くの宮廷人

トワイニングの本店は現在も創業時と同じ場所にあります。間口にかかる税金削減のため、間口が狭くとられているのが特徴です。隣接している建物と比べてもその小ささがわかるでしょう。

上流階級を対象にしたフォートナム＆メイソンは、アン女王が執務をしていたセント・ジェームズ宮殿から徒歩数分の好立地にあり、店構えも立派です。

の憧れとなりました。彼女の即位を記念してロンドンの「ケンジントン宮殿」の敷地内に建築された「オランジェリー」は、大きな窓のある白亜の美しい茶室で、庭には当時貴重だった東洋由来のオレンジの木が植えられました。この茶室は現在ティールームになっており、一般の人も気軽に利用することができます。

　王侯貴族が愛飲している、身体によい、エキゾチックな東洋の茶は、宮廷喫茶の確立により、茶の地位は薬の時代よりさらに向上しました。そして、イギリス東インド会社の茶の輸入量が安定したことで、茶を専門に扱う店も登場します。

　一七〇六年、英国で最も古い茶専門店とされる「トワイニング社」が茶の小売りをスタートさせました。トワイニング社はもともとコーヒーハウスでしたが、他店との差別化を図り、女王の愛する茶を主力商品と目し、店内に茶の小売り棚を設けました。しかしコーヒーハウスは男性しか入店できなかったため、思うように売り上げは伸びませんでした。茶をほしがる女性は多くいましたが、かといってコーヒーハウスには女性が入れず、使用人に大金を預け茶を買いにやるのもはばかられたからです。そこでトワイニング社は一七一七年、コーヒーハウスの隣に「ゴールデン・ライオン」という名の、茶の小売店を独立して開きました。ゴールデン・ライオンの誕生により、女性も自由に茶を購入できるようになり、中産階級の間にも家でお茶を飲むという習慣が広がっていきました。

　一七〇七年にはロンドンの中心地に「フォートナム&メイソン」がオープンします。アン女王のもとで女王の日常品の管理を任されていたウィリアム・フォートナム（生没年不明）が、ヒュー・メイソン（生没年不明）と組んで、アン女王が日頃口にしているものや使っている日常品を販売する高級食料雑貨店を開いたのです。フォートナム&メイソンはオープン当時から、上流階級の顧客をたくさんもっていたため、一七二〇年頃からは顧客の要望に応えるかたちで茶の販売も始めます。

　こうした茶の小売店の登場はその後、茶が中産階級の家庭にまで浸透する道筋を作りました。

「神農伝説」 薬としての茶の始まり

日本、英国などさまざまな国の喫茶の源となった中国。中国で初めて茶を口にしたといわれている炎帝神農は、紀元前二七〇〇年頃の古代中国の王といわれています。伝説の王のその姿は人身牛首で、図像で表現される時は、長い髭を生やし、木の葉で作った衣をまとった老人の姿が多く、頭には短い角が見えます。神農は、漢方、農業の神としてその力をふるい、地上にあるすべての薬草を自ら毒味するという実践主義者で、一日に七二回、毒にあたったといわれています。猛毒の植物を食した時、神農は、解毒剤として「カメリア・シネンシスの葉」を白湯《さゆ》で服用しました。中国ではこれが「茶」の始まりと伝えられています。神農は三六五種類の漢方を発見し、『神農本草《しんのうほんぞう》』という本をまとめましたが、その原稿は度重なる戦火のうちに失われました。のちにこの一部を所持していた本草学者の陶弘景《とうこうけい》（四五六〜五三六）が六世紀頃に『神農本草経《しんのうほんぞうきょう》』を著し、現在にまで神農の偉業を伝えています。

漢方の始祖としても知られる炎帝神農は今でも中国の人びとに尊敬されています。（明治初期）

雲南省の西双版納《シーサンバンナ》には、現在も野生の古茶樹が数多く自生しています。写真の茶樹は樹齢1700年の茶樹王です。

嗜好品としての茶の確立　茶人陸羽

薬として流行していた茶を、嗜好品の域に高めたのが、茶人「陸羽《りくう》」（七三三〜八〇四）でした。彼が八世紀中頃にまとめた、一〇章三巻からなる『茶経《ちゃきょう》』は、茶に関する最古の書物といわれています。中国の茶の始まりに神農伝説をあげているのはもちろんのこと、『茶経』には当時の茶に関するあらゆる知識がもりこまれています。また、たんなる喫茶法を超えた、茶道にいたる精神性まで感じ取ることができます。

『茶経』のなかで陸羽が茶を嗜好品としてとらえていることがわかるポイントを、ふたつご紹介しましょう。

まずは「茶に適した水」について。水質へのこだわり、およびお湯の熱さ加減についても言及しています。さらにその「飲み方」については、当時一般的だった、ネギ、ショウガ、ナツメ、タチバナの皮、ハッカなどの漢方薬を茶に混ぜて飲む薬膳的《やくぜんてき》な飲み方を嘆き、茶そのものの味を重要視するよう説いています。そのためにさまざまな産地の茶を飲み比べ、批評をした結果も記しました。茶そのものを嗜好飲料としてとらえたこの陸羽の考えは、中国はもとより、他国の茶人にも大きな影響を与えました。

中国杭州の中国茶葉博物館の敷地内にある陸羽の銅像。

コーヒーハウスから発展したトワイニング社

一七〇六年、トーマス・トワイニング（一六七五～一七四一）はロンドンのデュバリーコートに「トムズ・コーヒーハウス」をオープンしました。アン女王を筆頭に上流階級の女性たちが茶に魅了されていることを知ったトーマスは、茶の販売がこの先有望な商売になると見込み、少しずつ茶の品揃えを充実させていきます。

さらにイギリス東インド会社での勤務経験をいかし、一七一七年に、隣の敷地を買い取って、茶とコーヒー、ココアの小売りと卸売りを専門にした「ゴールデン・ライオン」をオープンさせました。

コーヒーハウスは女人禁制でしたが、ゴールデン・ライオンは女性にも開放されていたため、茶の販売は成功しました。一七三九年には、カンタベリー大主教から緑茶の注文があったという記録も残されています。

茶の好調な売り上げに比例するように、店も少しずつ拡張され、三軒の店の壁を取り払い「うなぎの寝床」と称される店舗が完成しました。当時は店舗の間口に対して「税金」がかけられていたため、トワイニング社の店も税金対策として縦長の間取りになったのです。住所を表す番地制度ができてからは「二一六ストランド」として親しまれ、現在にいたっています。

初代から現一〇代目まで、脈々と受け継がれてきたトワイニング家の商売は、英国紅茶の歴史そのものといっても過言ではありません。

トワイニング社275周年の記念紅茶缶。コレクターにはたまらないアイテムです。

店内の両脇上部には、歴代のトワイニング一族の肖像画が飾られ、左右の棚には紅茶が所狭しと並べられています。

世界初のチップ制度

トワイニング社のコーヒーハウスでは、客で店内が混み合っている際、卓上に「T.I.P（チップ）」と書かれた箱が登場しました。通常１杯１ペニーの飲み物を、ほかの客を差しおいて急ぎで注文したい場合には、追加で２ペンスが要求されました。その追加代金を入れるために設置された箱がチップの箱だったのです。「To Insure Promptness（早いサービスを保証）」の頭文字をとったT.I.Pのシステムは、トワイニング社の店からほかのコーヒーハウスにも広がりました。速やかなサービスは、客を満足させることにつながることから、チップはのちに質のよいサービスをさす言葉となりました。この箱はトワイニング家の財産として現在も大切に引き継がれています。

トワイニング社の歴史展示コーナー

店の奥には、会社の記録を展示した展示棚が備えつけられています。トワイニング一族の家系図、過去の顧客名簿や帳簿、古い紅茶のパッケージや茶道具などは見ごたえがあります。

トワイニング一族の肖像画

18世紀の風刺画家ウィリアム・ホガース（1697〜1764）はゴールデン・ライオンでつけで茶を買っており、遅れがちだった支払いの代わりに初代トーマス・トワイニングの肖像画を描きました。

金色のライオン像

創業当時、人びとの識字率《しきじりつ》は低かったため、トワイニング社では金色のライオン像と、その両脇に中国商人像を飾り、看板代わりにしました。ライオンはもともと立ち上がっている姿でしたが、のちに、ゆったりと横たわって座る現在のライオンに変化しました。

アン女王にも愛されたフォートナム&メイソン

ヒュー・メイソンはロンドンのピカデリーで小さな雑貨店を営んでいました。そこに一七〇五年、ノーフォークからやって来たウィリアム・フォートナムが下宿することになります。フォートナムは、セント・ジェームズ宮殿のアン女王のフットマン（従僕）として働き始めました。

彼の仕事は馬の世話から馬車の用意、台所や日用品の在庫のマネージメントなど、多岐《たき》にわたっていました。そのなかに、宮殿内のいたるところに据えられた無数のキャンドルを毎朝すべて取り替える作業もありました。宮殿のキャンドルは「蜜《みつ》蝋《ろう》」でできている最高級品で、庶民には手が届かない品でした。毎朝新品に替えられ捨てられていく、まだ十分に使えるキャンドルを見て、彼はそれを売ることを思いつきます。これが大当たりし、フォートナムはその資金で独立しようと考えました。

一七〇七年、フォートナムとメイソンは、セント・ジェームズのデュークストリートに「フォートナム&メイソン」をオープンさせたのでした。

商売が軌道にのってからも、フォートナムは王室のフットマンとして働き、つねに上流階級の人びとのニーズを把握し、売り上げを伸ばしました。代表ブレンド「クィーンアン」は一九〇七年、創業二〇〇年記念に作られました。

クリスマスプレゼントを顧客に届けに行くフォートナム＆メイソンを描いた1970年のクリスマスパンフレットの表紙。

キャンドルを持つフットマン

フォートナム＆メイソンの店内には、創業のきっかけになった「キャンドル」を創業者ウィリアム・フォートナムがフットマン姿で片手で持っている像が何か所にも飾られています。店内のシャンデリアはすべてキャンドル形、そしてオリジナルグッズなどにもキャンドルのモチーフを多用するこだわりぶりです。

アフタヌーンティーも楽しめる

フォートナム＆メイソンの店内には複数のレストランがあります。とくに人気があるのは2012年エリザベス二世の即位60周年《ダイヤモンド・ジュビリー》を記念してオープンした「ザ・ダイヤモンド・ジュビリー・ティーサロン」でのアフタヌーンティーです。

芸術性の高いウィンドウ・ディスプレイ

四季折々に掲げられるフォートナム＆メイソンの芸術的ウィンドウ・ディスプレイ。その精巧で美しいたたずまいをわざわざ見に訪れる人もいるほどです。

多彩なハンパーギフト

質のよい商品を店頭で売るだけでなく、フォートナム＆メイソンは「宅配サービス」にもチャレンジしました。上流階級の人びとは注文の量が多く、贈答用として商品を購入することもよくあり、自宅まで品物を届ける宅配が必須と考えたのです。「F＆M」のロゴが書かれた美しいハンパーは人びとの憧れとなり、のちにハンパー自体も商品化されました。現在もフォートナム＆メイソンの宅配ギフトは大人気で、なんと年間12万件も注文があるそうです。

ロゴにも使われている大きな仕掛け時計

1964年にはフォートナム＆メイソンの建物正面に、現在紅茶缶のロゴにもなっている有名なからくり時計が設置されました。ビッグベンと同じ鋳造工場で作られた18個の鐘は、制作に3年もかけた大作。15分おきに心地よい音色を響かせ、フォートナムとメイソン両氏の人形が、手にティートレイを持ち、ピカデリーの道行く人にお辞儀をします。人形の大きさは120センチもあります。この時計がいかに大きなものか、おわかりになることでしょう。

故郷ポルトガルを愛し抜いたキャサリン・オブ・ブラガンザ

一六六二年、キャサリン・オブ・ブラガンザは英国王チャールズ二世と結婚します。キャサリンが結婚前に居住していたポルトガルのシントラ王宮には「白鳥の間」と名づけられた美しい部屋が残されています。

この部屋はキャサリンの父が、英国に嫁ぐことになった娘の幸せを願い作らせました。白鳥は生涯パートナーを変えないため、二羽の白鳥に娘の結婚生活の安定を祈願したそうです。英国王妃となる娘と、その夫英国王チャールズ二世に敬意を示し、白鳥は王冠をかぶっています。

しかしそんな願いもむなしく、二人の結婚は、決して幸福なものではありませんでした。チャールズ二世は女好きで、結婚当時すでに四人の愛人との間に六人もの子をもうけていました。結婚後もキャサリン王妃は夫の浮気に悩まされることとなります。新婚時は嫉妬にも苦しみましたが、子宝に恵まれなかったこともあり、やがて夫の不実にもあきらめがついたようです。キャサリン王妃は結婚後も故郷ポルトガル、そして実家ブラガンザ家を誇りに思い、英国国教会に改宗せずカトリック信仰を貫きました。

彼女が茶を愛飲したのも、茶がまだ貴重品でその飲み方を知らない者も多かった当時の英国宮廷で、夫の愛人に対し、由緒正しい家から嫁いできた正妻としてのプライドを保つためだったのかもしれません。

チャールズ二世没後、キャサリンはポルトガルに帰国を願い出ますがすぐには許されず、一六九三年、三一年ぶりに帰国がかないました。彼女が晩年をすごしたベンポスタ宮殿の前には、愛らしいキャサリンの銅像が建てられています。その左手には十字架がしっかりと握られています。異国の地に政略結婚で嫁ぎながらも、母国の信仰と習慣を守り通した彼女の姿に、ポルトガル国民は敬意を抱いていることでしょう。彼女の亡骸《なきがら》はサン・ヴィセンテ・デ・フォーラ修道院にあるブラガンザ家の霊廟に眠っています。

シントラ王宮の「白鳥の間」。

お嫁入り前のあどけない表情のキャサリン。

チャールズ二世を取り巻く美女たちが描かれています。上段中央がキャサリン王妃。(1930年版)

オランダ式の喫茶マナー　お茶を受け皿に移して飲む

「お茶を受け皿に移して飲む」習慣は、喫茶大国であったオランダ宮廷に発し、西洋に広く浸透したといわれています。左手を添えて茶器を持つ習慣のなかった西洋人にとって、湯呑みスタイルのティーボウルを使用し、熱湯で淹れたお茶を片手で飲むことは難しく、しだいに茶液を皿に移して飲むスタイルが定着したとされています。英国の茶文化の楽しさは、このように当時の人びとの習慣を今の私たちが垣間見ることができる「絵画」や「茶器」が、現在もアンティーク品として数多く継承されているところにもあると思います。

コンティ公の邸宅で茶会を楽しむ上流階級の人びと。クラヴィコードを弾いているのは幼いモーツァルトです。（Tea a L'anglaise ／Michel Barthélemy Ollivier 1764年／1840年版）

サクソン家と、バーバリアン家の茶会の様子。まさにお茶を受け皿に移す瞬間がとらえられています。（Peter Jakob Horemans／1761年）

ロシア軍人がティールームでお茶を受け皿に移して飲んでいる姿が描かれています。（The Graphic 1877年3月17日）

お茶を受け皿に移して飲む習慣は、英国全土に広がり、ティーカップが普及したあとも田舎では習慣として残ったようです。（The Graphic 1888年8月18日）

第3章

茶消費の拡大と一般への普及

一八世紀前半、英国の茶の輸入量はうなぎのぼりに増加していきます。そして「ティーガーデン」と名づけられた野外でのティータイムも大流行します。その一方、茶は身体に毒ではないかという「茶有害説」も飛び出し、論争にまで発展します。

コーヒーハウスの衰退

アン女王が亡くなった一七一四年、英国はアン女王の遠縁にあたるドイツのハノーヴァー選帝侯《せんていこう》ジョージ一世（一六六〇～一七二七）を国王に迎え、新しいハノーヴァー朝が始まりました。

英国で一世《いっせい》を風靡《ふうび》したコーヒーハウスの役割にも新しい風が吹き始めます。一八世紀以降、英国では王位がスムーズに継承されていったため、国政が安定し、コーヒーハウスの客層も変化することなく固定していきました。そして、店ごとに客の色分けができていったのです。

上流階級の人びとは宮殿の近くに、商人たちは王立取引所の近くに、文人たちは劇場の近くに集う傾向が強くなりました。また、ロンドン大火で燃えた街並みも復興し、個人の家も新築されて住環境がよくなってくると、中産階級でも家に人を招き入れてもてなすことが可能になりました。するとコーヒーハウスの必要性は薄れ、店によっては、営業形態をパブやレストラン、クラブに変えるところも現れ、コーヒーハウスの数は年々減少していきました。

イギリス東インド会社の茶の独占、始まる

コーヒーハウスは少しずつ閉鎖されていきましたが、英国の茶の輸入量は増え続けました。一七一一年、スペイン継《けい》承《しょう》戦争《せんそう》の戦費《せんぴ》を調達するために、茶の関税を一ポンドに対し五シリングに値上げしたことをきっかけに、政府は茶を保税制度（国から許可を受けた特定の場所や施設で、輸入貨物を関税や消費税等の納付なしに蔵置、仕分、加工・製造、展示等ができる制度）の対象にします。

英国は一七一七年には中国の広東《カントン》港での貿易権を獲得し、大量の茶を入手することができるようになり、以後、茶の輸入量は爆発的に増加します。一七二一年、英国政府は西洋各国からの茶の輸入をすべて禁止しました。これにより、イギリス東インド会社は事実上、英国国内の茶の独占権を取得しました。

さらに、一七二三年、首相ロバート・ウォールポール（一六七六～一七四五）は保税制度がとられているにもかかわらず、関税を納めずに茶を国内に持ち込む業者

ワイト島の海岸でボートから不正な密輸茶を荷揚げする密輸商人たち。密輸された茶は、洞窟などに隠されました。(George Morland 1793年／1907年版)

がいたことに目をつけ、「茶、コーヒー、ココア」のために「保税倉庫」を設置しました。保税倉庫とは、税関に対し輸入手続きが済んでいない輸入貨物を強制的に保管する倉庫のことです。輸入商は決められた保管期間の二年以内に、商機をみて貨物を引き取り、その時に関税を支払います。ウォールポールは関税を取り逃さない策として、すべての貿易会社に保税倉庫の利用を義務化し、取り締まりを強化しました。

一七八四年までの間、イギリス東インド会社の正規輸入の茶にかけられた関税は平均一〇〇パーセントと高く、輸入された茶は原価の約二倍の価格で消費者に販売されていました。このような高額な関税、そしてイギリス東インド会社の英国国内の茶市場の独占は、茶の密輸を招く下地となりました。茶貿易に強かったオランダ東インド会社のみならず、フランス、スウェーデン、デンマークなど、各国の東インド会社は英国市場に密輸するための茶の仕入れに奔走《ほんそう》し、密輸の利益で大きく成長することができました。

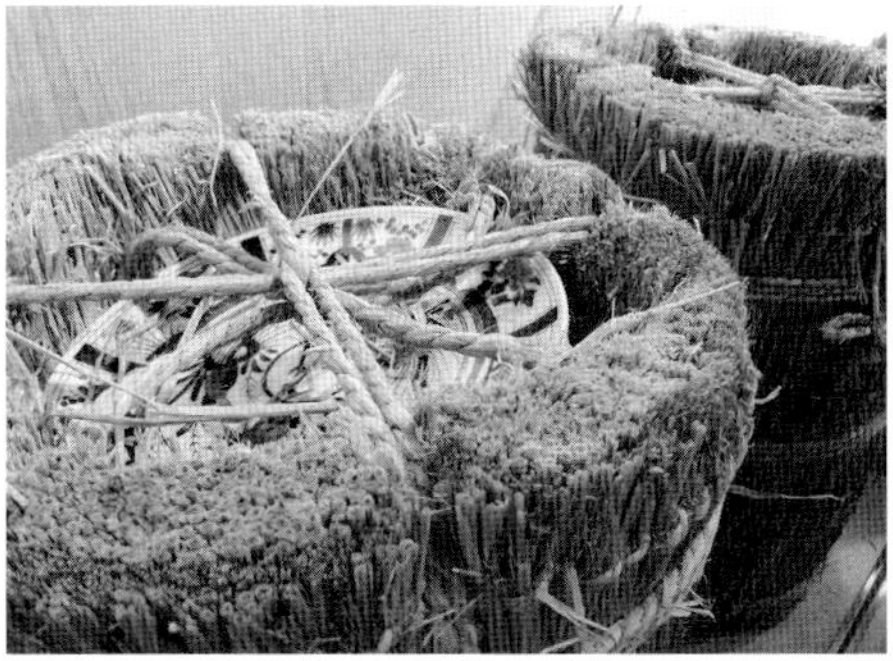

東洋磁器は非常に高価だったため、輸送中に割れないよう、米俵に包まれて出荷されました。

密輸は組織的に行われ、英国国内にももちろん協力者が多数いました。密輸茶の荷揚げには、人口の少ない田舎の村が選ばれました。村人の大部分は密輸にかかわっており、密輸茶を洞窟《どうくつ》や教会の地下室などに隠すことに手を貸していたそうです。マン島やワイト島など多くの島に、密輸茶の記録が残っています。

正規ルートの茶を購入していた国内の茶商たちは、密輸の防止対策として、政府に関税を引き下げるよう働きかけますが、これが実現するのはずっとあとのことです。

高い関税がかけられているにもかかわらず、茶の人気は高く、イギリス東インド会社の茶の輸入量は、一七二〇年代には年平均八八万ポンド（約三九六トン）、一七三〇年代には年平均一一六万ポンド（約五二二トン）、一七四〇年代には年平均二〇二万ポンド（約九〇九トン）と増加していきました。同時に、一七四〇年代には約九〇〇万ポンド（約四〇五〇トン）もの密輸茶が、英国国内に入ったと推測されています。イギリス東インド会社の事業は、密輸茶が横行するなかでも、株主に毎年八パーセントの配当をつけるほどの盛況ぶりでした。

茶の消費が拡大するにつれ、茶道具の需要も増しました。イギリス東インド会社の中国貿易船には、茶のほかに茶道具

オーケストラの美しい演奏に聞き惚れる人びと。左のテーブル席中央にいる恰幅のよい男性は、お茶好きで知られたサミュエル・ジョンソン博士です。（Thomas Rowlandson 1799年／1952年版）

も多く積まれるようになりました。陶磁器は香りがないため、香りを吸着する性質のある茶と同梱《どうこん》するには好都合のうえ、船の重り《バラスト》としての役目も果たしました。また、とてもよく売れたので、イギリス東インド会社の主力商品のひとつとなりました。このような東洋磁器に影響され、一七〇九年にはドイツのマイセンで、西洋で初めて磁器焼成《じきしょうせい》が成功します。遅れて英国にも、一七四〇年代からチェルシー窯、ボウ窯、ダービー窯といった磁器窯が誕生していきました。

ティーガーデンの流行

一八世紀前半、コーヒーハウスに代わって茶の消費に貢献したのが、新たに登場した社交場「ティーガーデン」でした。「ティーガーデン」はその名前からも想像できるように、お茶や軽食をとることのできる娯楽施設でした。コーヒーハウスと異なり、男性も女性も、子どもも入場できるティーガーデンは、ロンドン郊外の、広々とした風光明媚《ふうこうめいび》な田園地帯にありました。ほとんどのガーデンが、四～九月までの陽気のよい季節に、週三～四日営業しました。一部のティーガーデンは貴族からの後援を受けていましたが、身分や階級にかかわらず誰もが訪れることができたため、家族連れにも人気があり、週末は馬車渋滞が起こるほどの賑わいだったそうです。

ティーガーデンの庭園には、つねに美しい草木が植えられ、人工の池や彫像がセンスよく配置されました。また、遊歩道や生垣を利用した迷路も設けられ、人びとを楽しませました。園内には「ティーハウス」と呼ばれる屋根つきの建物が建ち、バターつきパンなどの軽食に、お茶やコーヒー、ココアなどの飲み物が提供されました。

最初はどのティーガーデンも同じような造りでしたが、その数が増えてくると互いに差別化をはかるようになり、その内容も進化していきます。

屋根にスイカズラや野バラを這わせて美しく飾ったティーハウスをもつティーガーデン。立派なオーケストラボックス席をもち、庶民にはほとんど縁がなかったオーケストラの生演奏を聴かせるティーガーデン。夜間にイルミネーションや打ち上げ花火などが楽しめる娯楽性の高いティーガーデン。ダンスパーティーなどイベントを主催するティーガーデンもありました。

ティーガーデンの入場料は初めは無料でしたが、娯楽施設の充実とともに有料化されていきます。入場料は平均一シリング（一シリング＝一二ペンス）、コーヒーハウスの入場料が一ペニーでしたから、その一〇倍以上の金額です。これは当時の労働者階級の日給とほぼ同額でした。しかし家族全員で楽しめる娯楽の少なかった時代、ティーガーデンは人びとにと

1820年のホワイト・コンディット・ハウスの様子。豊かな自然と、くつろげる建物は人びとの癒やしの場所となりました。(Walter Thornbury／1880年版)

ホワイト・コンディット・ハウスの木陰でくつろぐ人びと。男性はお酒、女性はお茶を楽しんでいます。(Abraham Solomon／The Illustrated London News 1851年6月14日)

って特別な場所となり、家計からその費用が捻出《ねんしゅつ》されたのでした。

　四大ティーガーデンとして名をあげた「メリルボーン」「ヴォクソール」「クーパーズ」「ラネラー」をはじめ、ロンドン郊外にはたくさんのティーガーデンがオープンしました。「イズリントン」や「ランベス」「ホワイト・コンディット・ハウス」「バグニグ・ウェルズ」などは、健康によい鉱泉水を提供することを目玉にしたティーガーデンです。

　ハイゲイトとハムステッドのすばらしい牧草地帯を望める環境にあった「ホワイト・コンディット・ハウス」は、経営者がバットやボールを用意し、クリケットも楽しめたため、男性にも人気がありまし

人気のティーガーデン、バグニグ・ウェルズでとっておきの休日をすごす家族。幼い子どももティーボウルを使用しています。(George Morland 1790年／1880年版)

優雅な貴婦人が、男性にお茶をサービス中です。彼女の左手には貴重な砂糖が入ったシュガーボウルが握られています。そこには純銀製のシュガートングも添えられています。（Amédée Forestier／1886年版）

た。一七六〇年『ジェントルマンズ・マガジン』には次のような詩が掲載されました。

お茶とクリームと
バターつきロールパンが
人びとを喜ばせ
張り合うおしゃれ男たちと
やきもち焼きの女たちがいて
やがて
ホワイト・コンディット・ハウスは
汝の評判となるだろう

ジョージ・モーランド（一七六三～一八〇四）の代表作『ティーガーデン』（一七九〇年発表）には、一家の主がおめかしをした妻や子どもたちとともに楽しむ「バグニグ・ウェルズ」ティーガーデンでの家族の憩いが描かれています。ジョージ・コールマン（一七三二～一七九四）が一七七六年に発表したコメディ『ボントン』も「バグニグ・ウェルズ」ティーガーデンでの楽しいひとときをとりあげています。

夏の日の午後　バグニグ・ウェルズで
陶磁器のカップと
金メッキのスプーンでお茶を飲む
男性が意中の女性をティーガーデンに

砂糖は、山のような塊状で販売されていました。

誘うシーンも登場します。

お嬢さん　恋人になって
バグニグ・ウェルズに行きましょう
お嬢さん　そこで
お茶をいただきましょう

しかし広大な敷地をもつティーガーデンは、運営者側の管理がすみずみまで行き届かない面もあり、時として危険な場所ともなりました。娼婦が男性を誘惑するために利用したり、ひとりで散歩をしていた女性が暴漢に襲われたりすることもあったそうです。そのため、一七五二年以降ティーガーデンにはコーヒーハウスと同じように裁判所による免許の取得が義務づけられ、見回りなどの管理が指導されました。

茶会と砂糖　女性主導のティータイム

コーヒーハウスからティーガーデンに……。男性が独占していた茶は、少しずつ家庭の女主人である女性が主導権を握って楽しむ飲み物に変わっていきました。茶、そして同じように高価だった砂糖は、目でも楽しむ贅沢品の象徴であり、そのふたつを同時に味わえるティータイムは上流階級、中産階級のどちらの女性にとっても文句なしのステイタスシンボルでした。

当時のティータイムにおける砂糖の役割を、紹介しましょう。通常砂糖は円錐《えんすい》形または棒形で流通しました。これが食料品店のカウンターで、砂糖専用の砕断機を使って砕《くだ》かれ、量《はか》り売《う》りされました。それは家庭で使用するにはまだ大きすぎ

貴重な砂糖を砕くために作られた、純銀製のクラッシャー。（フランス製／18世紀前半）

Column

ティーカップ＆ソーサーの登場

1740年代より、国産の陶磁器が現れると、茶道具として定着していたティーボウルにも変化がもたらされます。ボウルの部分にハンドルがつき、現在の「ティーカップ＆ソーサー」になったのです。もともと西洋人は猫舌の人が多く、お茶の熱さゆえに、お茶を受け皿に移して飲むという独特の習慣が生まれたのですが、器としてはビアマグと同じようにハンドルがあったほうが使い勝手がよいと誰もが感じていました。

ただ、ティーカップが誕生したばかりの頃は、ハンドルを持ちつつも結局はお茶を受け皿に移して飲む人が多かったようです。初期の頃のソーサーにはカップを固定する糸尻がなく、その形も、お茶を移しやすいように深く作られていました。また東洋信奉が強い人ほど、オリジナルの茶器の形態・ティーボウルにこだわる傾向があり、19世紀初頭まではティーカップ、ティーボウルともに茶道具として使用されていました。19世紀半ば以降、ティーボウルの製造は減少し、それとともにお茶を受け皿に移す人も少なくなりました。

ハンドルがついたティーカップ。（ロイヤルドルトン／1902～1930年）

たので、家庭で手頃な大きさに砕かなければなりません。これに必要なのが「クラッシャー」です。この仕事は、直接高価な砂糖を多量に扱う仕事だったので、使用人には任せず、女主人の仕事とされていました。クラッシャーは綺麗な状態で現在も残っているものはとても少なく、貴重品となっています。

　クラッシャーで小さな塊《かたまり》にしたら、シュガーボウルに移します。砂糖は一般の食材とは分けられていて、銀器や食器、茶と一緒に別室に保管されました。もちろん鍵のかかる部屋です。中産階級の家庭では、鍵つきのティーキャディボックスに、茶と一緒に保管されることもありました。

　客人が来ると、シュガーボウルは茶とともに茶室に運ばれました。砂糖を誇示するため、シュガーボウルはかなり大きなサイズで（ポットと変わらぬ大きさのものまでありました）、ティーテーブルにあえて蓋《ふた》をせずに置かれました。当時描かれた絵画などでティータイムのシーンを見ても、砂糖の塊《かたまり》が容器からはみ出すようにもり上がっています。

　客人が来る前に準備するものとして、シュガーニッパーまたは、トングも欠かせません。砂糖をニッパーやトングで取り分け、客人にサービスするのです。客人は、女主人に砂糖の量を聞かれるので、自らの好みを伝え、ティーボウルの中に砂糖を入れてもらいます。砂糖はとても高価だったので、客人がニッパーに触れることはタブーでした。砂糖を入れてもらったら、美しい銀のスプーンでかき混ぜて溶かします。かき混ぜ用のスプーンは、一七世紀までは数本のスプーンが専用のティースプーントレイに載せられ、全員で使い回していたそうです。こうして完成したお茶は、当時のマナーどおりソーサーに移して、受け皿からすするという作法で堪能《たんのう》されました。

　女性たちの茶会は、時には政治的な目的で使われることもありました。一七六五年、当時の首相ロッキンガム侯爵チャールズ・ワトソン＝ウェントワース（一

朝の祈りの時間をすごす家族を描いています。部屋の左端の家具の上には、ティーキャディボックスがあります。中央のガラスボウルには砂糖がたっぷり入れられています。（E. Prentis 1841年／1842年版）

砂糖が入れられたティーキャディボックス。このティーキャディボックスはまさに、上の絵と同時代に作られた茶道具です。（英国製／1830年）

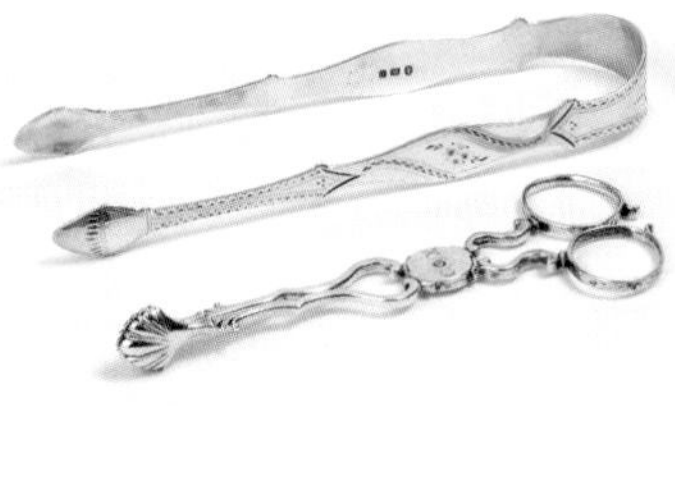

砂糖をサービスするための道具。どちらも純銀製です。（上）トング（英国製／1797年）、（下）シュガーニッパー（英国製／18世紀後半）

テーブルの上には砂糖をかき混ぜるためのティースプーンがトレイとともに置かれています。ティースプーンは1750年前後から、１人１本ずつ配られるようになり、６本、12本売りのセット販売が主流になります。この絵にあるようなティースプーンを置くための銀のトレイは、1760年頃を境にその姿を消していきました。（A Family of Three at Tea／Richard Collins 1727年）

七三〇～一七八二）は、自らの政権を安定させるために野党に属し政敵であったウィリアム・ピット（一七〇八～一七七八）を味方につけようと考えますが、情勢的に公の場での会談は難しく、夫人の茶会を利用して、彼とコンタクトをとることを画策《かくさく》します。温泉保養地バースにピットが保養で来る情報をつかんだ侯爵は、ピットの所有する馬車を譲り受けたいという名目で夫人にピットと手紙のやりとりをさせます。夫人はそのなかで、自分の夫（現・首相）についてどう思っているかなど探りを入れていきます。さらにピットと親しい政治家を自らの茶会に招き、親交を深めていきます。そしてその後、夫も含めた秘密のディナー・パーティーへと導いていくのです。

茶会は女性が主役で、政治に無縁と思われていたため、政治的な会談は困難でも、保養地で優雅に茶会を楽しむことは問題にされませんでした。このように、当時の女性は茶会を利用して男性のサポートをすることもあったのです。

茶の有害説

茶が急速に人びとの日常生活に欠かせない飲料として定着しはじめると、英国でも茶に対して医学的な検証がさかんに行われるようになります。一七世紀後半にコーヒーハウスで宣伝された茶の効能《こうのう》（二〇頁参照）は他国の研究者の受け売りだったので、信用にやや欠けたのです。

英国で最初に茶に関する医学的見解を発表したのは、トマス・ショート医師（一六九〇～一七七二）でした。彼は一七三〇年と一七五〇年、二冊の『茶論』を出版しました。この茶論は、これまで他国で出された本に多かった、茶を手放しで称賛するか、頭から否定するという極論ではなく、彼自身が文献を調べながらさまざまな実験を試み、茶の本質を明らかにしようとしたものです。ショート医師は、茶には確かにさまざまな医学的、栄養学的な利点があるが、それよりも英国経済と人びとの社会生活に茶の普及が及ぼした影響こそ重要であると述べています。

茶の人体への影響については、一七三〇年の『茶論』では、英国のハーブのほうが有効で、茶は人体に悪影響を与える成分を含んでいる可能性があると述べ、その論拠としてさまざまな文献の紹介や実験の報告がなされました。一七五〇年の『茶論』では、茶の飲用そのものに根本的に疑問を呈したり、否定したりすることはもうできない、と書いています。ショート医師は茶の利点、弱点をそれぞれあげ、利点の方が勝ると結論しました。

もちろん肯定派ばかりではありませんでした。二〇代から茶の愛好家であったジョン・ウェスレー（一七〇三～一七九一）は一七四六年、人びとの前で茶を断つことを宣言します。彼は体が震えるのはお茶を飲んだためだと考えていました。そしてそれまで茶に費やしていたお金と時間を、貧しい人びとへの施《ほどこ》しに当てると述べました。ウェスレーはのちに、六か月間の断茶で二五〇人の貧民に援助が行えたと発表し、茶がどれだけ高価で、社会奉仕の妨げになっているかを訴えました。しかしウェスレーは一二年後に再び茶を飲み始めます。体の震えなどの不調は茶によるものではないとわかったこと、茶の輸入量が増え価格が下がったので、貧民のために茶を我慢する意味がなくなったことなどが理由でした。

　ウェスレーが晩年愛用していたウェッジウッド窯の陶器製のティーポットは、現在もロンドンのウェスレー・チャペル・メソジスト博物館に保管されています。ウェッジウッド窯は一九〇八年に同じデザインのポットを復刻しますが、現在は廃盤《はいばん》になっています。復刻されたポットにはオリジナルと同じように「主よ、私たちのこの糧に感謝します」「主よ、私たちの食卓にいて下さい」と、神への祈りの言葉がデザインされています。

　商人であり慈善家としても知られたジョナス・ハンウェイ（一七一二〜一七八六）も茶を否定したひとりでした。ハンウェイは一七五七年に出版した『茶についての二五通の手紙』で、茶は英国社会に多くの害悪をもたらすものだと訴えました。彼は一通目の手紙のなかで、自分は茶を公正な目で評価すると宣言し、お茶を飲む習慣の中心にいる上流階級の女性に、喫茶を放棄するよう呼びかけました。二五通の手紙を通してハンウェイは、健康、時間、道徳観念、金銭面といった、茶の社会的弊害《へいがい》を取り上げました。また彼は貧民が茶を買って飲むと、栄養のある食べ物にあてるお金が減ることになり、さらには労働時間減少や勤労精神の喪失も引き起こすと述べました。

　ハンウェイの主張に対し、文壇の大御所サミュエル・ジョンソン博士（一七〇九〜一七八四）は痛烈な批評を展開しました。ジョンソン博士は、「自分は凝り固まった恥知らずのお茶好きで、ここ二〇年間、この魅力ある葉の煎じ汁で食事を薄めてきた。私のやかんは冷えること

熱心なキリスト教徒であったジョン・ウェスレーは、多くの貧しい人びとを導きました。（1930年版）

茶の反対派であったジョナス・ハンウェイは、ロンドンで初めて雨傘をさした人物としても知られています。18世紀半ば、傘は女性のファッションとしてとらえられており、傘をさす男性は珍しかったそうです。（Every Saturday 1871年8月12日）

を知らず、お茶で夕べを楽しみ、お茶で真夜中の孤独を慰め、お茶とともに朝を迎える」と冒頭で述べ、自分は無類のお茶好きなので、ハンウェイのような公正な判断はできないときちんと断ったうえで批評をしました。

　ジョンソン博士はハンウェイの極端な茶の批判には反論しましたが、ハンウェイの主張を頭ごなしに否定はせず、近年神経性の病気が増えているという点などには同意しました。ただし、その病気の原因は茶にあるのではなく、英国人の生活様式全体が変化しているためだと指摘しました。一七六〇年代頃から蒸気《じょうき》機関や紡績《ぼうせき》機械の発明などが相次ぎ産業革《さんぎょうかく》命《めい》が起こり、生活様式に大きな変化がもたらされていたからです。

　彼はまた、茶についてこんな意見も述べています。茶を好む人たちにとって、茶は「名目的」な娯楽であり、集まっておしゃべりをしたり、仕事を中断したり、暇な時間を楽しくすごすための口実となっているだけなのだ。お茶を飲んでいる人たちは茶を囲む「ティーテーブル」に惹かれて集まっているのである……と。この考えに、多くの英国人が共感を覚えました。

　茶への反対論はこの時代あいついで出ましたが、それにもかかわらず茶の人気は衰えませんでした。茶が多くの医師から健康にもよい飲み物であると認められたこと、茶は社交に欠かせないものととらえられていたからです。労働者にとっても、ジンより茶のほうが健全な飲み物だったことはいうまでもありません。茶は少量の茶葉を多量のお湯で抽出し、薄めて飲んだり、一度使った茶を何度も煎じて使用できる点も、労働者に好まれた理由でしょう。食卓に冷えた食べ物しかのらなくても、茶とともに食事をとると、食事が温かく感じられる点も評価されました。

　詩人ウィリアム・クーパー（一

サミュエル・ジョンソン博士と友人の茶会。ティーポットを持った女主人が茶会の中心人物として描かれています。（Beatrice Meyer／The Graphic 1880年4月24日）

蒸気機関を発明したジェームズ・ワット（1736～1819）の自宅でも茶は日常になっていました。ワットは幼い頃にやかんから立ち上る湯気を見て、発明のヒントを得たといわれています。（Godey's Lady's Book vol.44 1852年版）

七三一〜一八〇〇）は一七七五年に発表した詩集『仕事』のなかで、茶を「酔わせることのない」飲料と言い表しました。自然主義で知られたクーパーは、暖炉の火にかけられたやかんや、美しい茶の色に心の安らぎを感じていたのでしょう。

さて、火をおこし、蓋をしっかり閉め
カーテンをおろし 安楽椅子をまわせ
そして
やかんのお湯がぶくぶく音をたて
ポットから湯気が立ちのぼり
また元気づけてはくれるが
酔わせることのない茶が
めいめい待っていてくれる
心静かな夕暮れを　迎えいれよう

世間的にも認められた茶は、このあとさらなるスピードで普及していきます。それは同時に茶の輸出国中国との貿易摩《ま》擦《さつ》を深刻化させていくことにもなりました。また茶にかけられた多額な税金は、英国と植民地アメリカの間に摩擦を生むことになるのです。世界を巻き込んで、英国の茶の歴史は大きく動き始めます。

偽茶に騙されるな

密輸茶が横行していた一八世紀前半の英国では「偽茶」もさかんに出回るようになります。茶商のなかには、ほかの木の葉で作った偽茶をかさましのために混ぜたり、出がらしの茶を乾燥させ混ぜ込んだり、色のあせた古い茶に緑礬《りょくばん》（硫酸塩鉱物）や羊の糞で着色して販売する者もいたそうです。羊の糞を水に溶かし、茶殻をつけ込み、しばらくおいてから引き上げて乾かすと、緑茶と同じ色の抽出液ができあがったそうです。上流階級の家で働いている使用人が、主人たちが楽しんだあとの茶殻をこっそり屋敷から持ち出し、偽茶業者に売って小銭稼ぎをすることも日常茶飯事でした。

茶に憧れていた労働者階級の多くは、本物の茶を飲んだことがなかったため、偽茶を見分けることができませんでした。『茶論』のなかでショート医師は、「オランダ人は、オランダで売れないような悪くなった茶や、コーヒーハウスで少し煎じられた茶をもう一度あぶって、揉んで丸めて英国に売りつけている」と書いており、ここから、偽茶の製造が英国国内の茶商だけの仕業ではなく、密輸茶のなかにも偽茶が混じっていたことが推測されます。

ジョン・コークレイ・レットサム（1744〜1815）が1772年に発表した『茶の博物誌』は、茶の植物的特質、製法、人体への影響などを追究したうえで、茶の存在価値を認める内容でした。この本は18世紀の茶論の最高傑作ともいわれています。

英国政府は一七二五年、偽茶を作った違法者に茶の没収と罰金を科しますが、この程度の罰則ではあまり効果が出ず、一七六六年には違反者を牢獄に入れる措置にまで踏み切りました。しかし、偽茶作りはあの手この手と手法を変え、一九世紀半ばまで続きました。ちなみに偽茶の着色は、緑茶の緑は作りやすかったのですが、抽出液がやや赤みがかったボヒー茶の色に似せることは難しかったため、偽茶を見分ける自信がない者たちは、緑茶を避けボヒー茶を選択するようになり、ボヒー茶の消費を増大させる要因になったといわれています。

ティーケトル&ティーアン

一八世紀初頭までは、茶会のポットにお湯を入れるのは使用人の役目でした。中国製の急須はその小ささから何度も何度もお湯を注がなくてはいけなかったため、暖炉の火にかけて沸かされたやかんのお湯をタイミングよく急須に注ぐためには相当の気配りが必要でした。

茶会の見栄えがより気にされるようになると、大きなお屋敷ではやかんではなく、銀製のティーケトルでお湯をサーブするようになります。しだいにティーケトルはスタンド、すなわちランプつきの三脚台に置かれるようになり、女主人が自ら好きなタイミングでお湯を注ぐことができるようになります。しかし、卓上でお湯を沸かしていると、まれにお湯が噴きこぼれるなどの事故も起こり、安全性が高く、また、より多くのお湯を取りおくことができるようにと、一七六〇年代以降「ティーアン」が登場します。ティーアンは熱湯を入れて温めておくための容器で、内部に熱した鉄の棒を入れることによって保温し、蛇口をひねってお湯を注ぎました。しかし熱した鉄棒はいずれ冷めてしまうため、ランプつきのティーケトルに比べると、お湯の温度は低くなりがちでした。一九世紀初頭になると、再びティーケトルの人気が復活、二つの道具が客の人数などで併用されるようになりました。

机の上には中国製の急須が載せられています。使用人が純銀製のティーケトルでお湯を注いでいます。彼女の右脇の小さなテーブルの上には、ティーケトルを置くためのアルコールランプつきのスタンドが見えます。（An Engrish Family at Tea／Joseph Van Aken 1720年／1954年版）

ティーアンから蒸気が立ち上っています。注ぎ口の下にはティーポットが置かれています。（Edward Henry Corbould／1851年版）

人気日刊エッセイ紙『スペクテーター』

日刊のエッセイ新聞『スペクテーター』は一七一一年三月一日、リチャード・スティール（一六七二～一七二九）と、ジョゼフ・アディソン（一六七二～一七一九）によって創刊されました。対象は「バターつきのパンとお茶の朝食をとっているファッショナブルな家庭」。発行期間は一七一二年一二月六日（一～五五五号）までの前期と、一七一四年六月一八日から同年の一二月二〇日（五五六～六三五号）までの後期の二期。

『スペクテーター』は、架空の登場人物スペクテーター氏と、職業の異なる六人の友人（地主、遊び人、貿易商人、法律家、牧師、軍人）が構成するクラブを舞台とし、その時代に起こったさまざまな出来事について、階級が違う登場人物たちがそれぞれ意見するというスタイルで構成されていました。

『スペクテーター』の第一のターゲットは家庭の主婦でした。コーヒーハウスで読まれることが当たり前だった新聞を、家庭のティーテーブルに進出させたのです。『スペクテーター』一四八号のなかには、コーヒーハウスに関する記述があります。コーヒーハウスではやっかいな客に、罰として砂糖を入れない緑茶を飲ませると書かれています。砂糖のない緑茶は英国の人びとにとっては苦いことこのうえなく、罰としてうってつけだったのでしょう。砂糖が別皿で出された記述もあることから、一七一〇年代になると贅沢品の砂糖がコーヒーハウスにも現れたことがわかります。

『スペクテーター』に描かれた家庭でのお茶については、二つのパターンがありました。朝食時に家族で飲むお茶と、午後の訪問の時間に知り合いとともに楽しむ社交的なお茶です。二一二号では、妻の恐妻ぶりに反撃にでた夫が、妻に対する意見を投書したものが紙面に載りました。朝のお茶の時間、『スペクテーター』を家族で読んでいた妻は、紙面の記事が自分に対してのものと気づき、夫への怒りが爆発、煮えたぎったやかんを使用人に投げつけたそうです。三二八号には、妻の浪費を嘆く男性からの投書も載せられました。「お茶代は許せるが、ティーテーブルを整えるため茶道具を購入するとその出費は想像以上にはね上がる」と。

『スペクテーター』は一七一四年に終刊したあと単行本にまとめられ、現在では一八世紀の人びとの価値観、日常生活を垣間見ることができるすばらしい資料となっています。

サミュエル・ジョンソン博士のティータイム。家庭の中では男性も女性も、ともにお茶の時間を楽しみました。(1900年版)

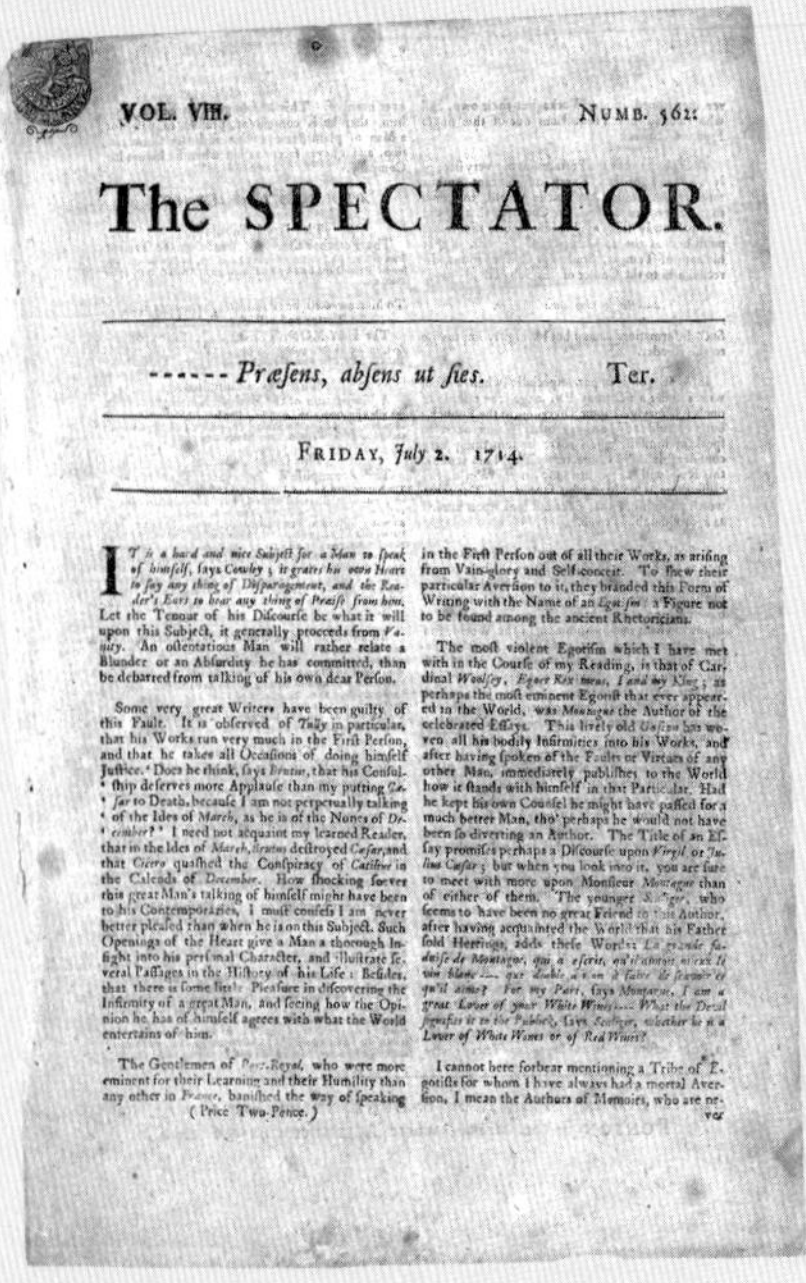

VOL. VIII. NUMB. 562.

The SPECTATOR.

------ Præſens, abſens ut ſies. Ter.

FRIDAY, July 2. 1714.

IT is a hard and nice Subject for a Man to ſpeak of himſelf, ſays Cowley; it grates his own Heart to ſay any thing of Diſparagement, and the Reader's Ears to hear any thing of Praiſe from him. Let the Tenour of his Diſcourſe be what it will upon this Subject, it generally proceeds from Vanity. An oſtentatious Man will rather relate a Blunder or an Abſurdity he has committed, than be debarred from talking of his own dear Perſon.

Some very great Writers have been guilty of this Fault. It is obſerved of Tully in particular, that his Works run very much in the Firſt Perſon, and that he takes all Occaſions of doing himſelf Juſtice. 'Does he think, ſays Brutus, that his Conſulſhip deſerves more Applauſe than my putting Cæſar to Death, becauſe I am not perpetually talking of the Ides of March, as he is of the Nones of December?' I need not acquaint my learned Reader, that in the Ides of March, Brutus deſtroyed Cæſar, and that Cicero quaſhed the Conſpiracy of Catiline in the Calends of December. How ſhocking ſoever this great Man's talking of himſelf might have been to his Contemporaries, I muſt confeſs I am never better pleaſed than when he is on this Subject. Such Openings of the Heart give a Man a thorough Inſight into his perſonal Character, and illuſtrate ſeveral Paſſages in the Hiſtory of his Life: Beſides, that there is ſome little Pleaſure in diſcovering the Infirmity of a great Man, and ſeeing how the Opinion he has of himſelf agrees with what the World entertains of him.

The Gentlemen of Port-Royal, who were more eminent for their Learning and their Humility than any other in France, baniſhed the way of ſpeaking in the Firſt Perſon out of all their Works, as ariſing from Vain-glory and Self-conceit. To ſhew their particular Averſion to it, they branded this Form of Writing with the Name of an Egotiſm; a Figure not to be found among the ancient Rhetoricians.

The moſt violent Egotiſm which I have met with in the Courſe of my Reading, is that of Cardinal Woolſey, Ego et Rex meus, I and my King; as perhaps the moſt eminent Egotiſt that ever appeared in the World, was Montagne the Author of the celebrated Eſſays. This lively old Gaſcon has woven all his bodily Infirmities into his Works, and after having ſpoken of the Faults or Virtues of any other Man, immediately publiſhes to the World how it ſtands with himſelf in that Particular. Had he kept his own Counſel he might have paſſed for a much better Man, tho' perhaps he would not have been ſo diverting an Author. The Title of an Eſſay promiſes perhaps a Diſcourſe upon Virgil or Julius Cæſar; but when you look into it, you are ſure to meet with more upon Monſieur Montagne than of either of them. The younger Scaliger, who ſeems to have been no great Friend to this Author, after having acquainted the World that his Father ſold Herrings, adds theſe Words; La grande fadaiſe de Montagne, qui a eſcrit, qu'il aimoit mieux le vin blanc — que diable a t'on à faire de ſçavoir ce qu'il aime? For my Part, ſays Montagne, I am a great Lover of your White Wines — What the Devil ſignifies it to the Publick, ſays Scaliger, whether he is a Lover of White Wines or of Red Wines?

I cannot here forbear mentioning a Tribe of Egotiſts for whom I have always had a mortal Averſion, I mean the Authors of Memoirs, who are never

(Price Two-Pence.)

後期562号の『スペクテーター』の原物。300年前の新聞は貴重な文化財産となっています。(The Spectator 1714年7月2日)

ホガースの風刺画

二五頁でもふれた英国を代表する風刺画家ウィリアム・ホガースは貧しい教師の息子として生まれ、銀細工師の弟子、版画家として下積み生活を送ったあと、当時の世相を痛烈に風刺した連作絵画を発表し、有名になります。ホガースの作品にはたびたび茶が登場します。政略結婚の不幸な結末を描いた『当世風結婚』シリーズ、田舎娘が遊女となり身を持ち崩していくストーリーの『遊女一代記』シリーズ、ジンの弊害を描いた『ジン横丁』などに、英国紅茶の歴史を見ることができます。

1745年に描かれたウィリアム・ホガースの自画像。(William Hogarth 1745年／1840年版)

政略結婚をした愛情のない夫婦が互いに不倫をしている当時の結婚生活観を皮肉った『当世風結婚』の2作目です。テーブル上には、上流階級の証である茶道具があります。器はティーボウルです。(Marriage à la Mode Part Ⅱ／William Hogarth 1743-45年／1840年版)

安酒のジンにおぼれて身を崩していく人びとの姿が、アルコールに対する恐怖心をあおりました。その点、茶は健康によい飲み物とされ、ホガース自身も茶の愛好家でした。(Gin Lane／William Hogarth 1751年／1863年版)

『当世風結婚』の4作品目です。使用人がサービスしている器はティーカップです。ハンドルがある器とない器が混在していたことが2枚の絵からうかがえます。(Marriage à la Mode Part Ⅳ／William Hogarth 1743-45年／1840年版)

四大ティーガーデン

メリルボーン・ティーガーデンズ自慢の並木道の美しさが伝わってきます。
(J. Donowell 1755年／1891年版)

一八世紀、四大ティーガーデンとして名をあげた「メリルボーン」「ヴォクソール」「クーパーズ」「ラネラー」をご紹介しましょう。

メリルボーン・ティーガーデンズ

ロンドン西部にある「メリルボーン・マナーハウス」の裏手に一六五〇年にオープンしました。中央を通る並木道の美しさには定評がありました。仮面舞踏会を開催したことでも注目されましたが、お茶にそえて出された「シードケーキ」や「プラムケーキ」のおいしさが一番の人気の秘訣でした。

ヴォクソール・ティーガーデンズ

ガーデン自体は一六六〇年、王政復古の直前にオープンしましたが、ティーガーデンとなったのは一七三

ヴォクソール・ティーガーデンズの夜の様子。月明かりのなか、舞台ではパフォーマンスが行われています。(C. Marshall／1952年版)

二年のことです。場所はテムズ川の南岸、ウェストミンスター橋の東に位置していました。広大な庭園をつなぐ主な通路には、夜間に灯す数百ものランプが備えられていました。中国風の寺院、隠者の庵、密輸入者の洞窟、恋人たちの散歩道、音楽の森などが設備され、オーケストラボックス席は景観を損なわぬように地下に隠され、優雅な演奏を奏でました。ヴォクソール・ティーガーデンズでは、テムズ川での船遊びや、花火や気球の打ち上げなどの珍しいイベントも催されました。

1850年のヴォクソール・ティーガーデンズの様子。気球の打ち上げが行われています。ヴォクソール・ティーガーデンズは1859年に閉鎖しました。（The Illustrated London News 1850年6月29日）

1751年のラネラー・ティーガーデンズの様子。このティーガーデンでは船遊びも人気でした。（1854年版）

クーパーズ・ティーガーデンズ

造園家クーパーの名前をつけた「クーパーズ・ティーガーデンズ」は、テムズ川南岸のウォータールー橋の近くに、一六九一年にオープンし、一七三八年の大改修により人気となりました。午後六〜一〇時まで演奏されるオーケストラの音楽と、精巧な花火が注目を集めました。

ラネラー・ティーガーデンズ

一七四二年チェルシーにオープンしました。目玉となったのはなだらかな球状の天井をもつ、直径約四六メートルの巨大円形建築物《ロタンダ》でした。内部には壁に沿って仕切られた五二個のボックス席が配備されていました。このボックス席は有料で、家族みんなでお茶を楽しむことのできる充分な広さがありました。

ボックス席を利用できない大衆のためには、中心に大きなダイニングテーブルが並べられました。建物の中なので、雨が降っても、冷え込む夕方でも快適にお茶を楽しむことができました。

一七六四年には、ここで当時八歳だったモーツァルトがコンサートを開いたという記録もあります。「ラネラー・ティーガーデンズ」はティーガーデンのなかでも高級の部類に入り、裕福な客層を抱えていました。

第4章

茶貿易の苦難とインドでの製茶への期待

一八世紀後半、英国の茶貿易はいくたびもの苦難に見舞われます。中国との貿易摩擦、そしてボストンティーパーティー事件による植民地アメリカの独立。茶の普及はもはや英国国内だけではなく、外国を巻き込んだ大きなビジネスに発展していったのです。

アメリカに移民してきた人びとのなかには成功をおさめ、英国本国に負けないティータイムを楽しむ者もいました。ルイーザ・メイ・オルコット著『若草物語』（1868年）の舞台にもなっているコンコード・ミュージアムにて。（The Samels Family／John Eckstein 1788年）

中国との貿易摩擦

一八世紀後半、順調に見えていたイギリス東インド会社の貿易は暗礁《あんしょう》に乗り上げます。最初の悪い知らせは、茶の輸出国中国から届きました。中国国内で政権交代が進んだ一七五〇年代、新たな支配者となった清王朝《しんおうちょう》（一六四四～一九一二年まで中国とモンゴルを支配した最後の統一王朝）は、国内の統治に集中するため、英国をはじめとする西洋諸国に対し、制限貿易を宣言したのです。

一七五七年、英国に許された貿易港は「広州《こうしゅう》」ただひとつとなりました。広州での滞在許可はわずか四か月、居住地も指定され、さらに取引先は中国政府が認めた商人に制限されました。もうひとつの茶の輸出国日本は、すでに完全鎖国に入っており、貿易は長崎の出島でしか行えず、船の入港隻数、年間の貿易金額にも厳しい制限があり、それ以上の貿易拡大は見込めない状況でした。英国にとって中国は、どれほど厳しい条件をつきつけられようとも絶対に手放せない重要な貿易国だったのです。

さらに英国を悩ませたのが、中国との貿易赤字でした。当時英国が中国から買っていたのは、茶のほか、陶磁器や絹などの高額商品でした。逆に英国が中国に売ることのできる商品は、中国で産出、製造されていないものに限られたため、英国産の毛織物、時計、玩具《がんぐ》、インド産の綿花といった商品が中心となりました。しかしこれらは茶や陶磁器に比べると低額な商品ばかりでした。当時英国は中国貿易の決済に「銀」を使用しており、この取引金額のアンバランスによって、国内の銀が不足、銀の価格が高騰《こうとう》するという経済混乱も生じました。中国との貿易赤字の拡大は、イギリス東インド会社のみならず、英国経済を少しずつ深刻な状況へと追い込んでいきました。

英国人と、アメリカ人が対立するさまをヨーロッパ、アメリカ、アフリカ、アジアを代表する人びとが見つめています。英国人とアメリカ人の間には、火を噴いたティーポットが象徴的に描かれています。このティーポットはアメリカ独立戦争を意味しています。（The Tea-Tax Tempest／Carl Gottlieb Guttenberg 1778年／1903年版）

アメリカ大陸の植民地、茶税に苦しむ

英国はほかの国をしのぐ勢いで植民地経営を推進し、一八世紀はその最盛期でした。アメリカ大陸の一部が一六六四年に英国の植民地になって以降は、入植希望者が続々と英国からアメリカへ渡りました。移民した人の多くは、清教徒の中産階級でしたが、その出身地はバラバラでした。そのため、彼らは成功のシンボルをうち立て、目標を達するために勤勉に働きました。その目標は「英国にいる上流階級の人びとの生活にちかづくこと」でした。

高価な茶を高価な東洋の器で楽しむ茶会は、わかりやすい成功の指標となり、アメリカでも喫茶は社会的ポジションのステイタスシンボルとなっていきました。一七五〇年には英国本国と同じ名前の「ヴォクソール・ティーガーデンズ」もオープンしました。アメリカは水が悪かったため、お茶用の水を汲む井戸「ティーウォーターポンプ」が作られたほか、水売りがお茶用の水を積んだ馬車を走らせる光景が街の風物詩となりました。アメリカへの茶の輸出から得られる利益は英国にとって大きなものとなっていきました。

しかし一七五〇年半ばになると、英国

英国人が、アメリカ人に対し強引に税金がかかった茶を飲ませようとしています。抵抗するアメリカ人はもうこれ以上我慢できないと、その茶を口から吐き出しています。（Tarring & Feathering／作者不詳 1774年／1873年版）

はヨーロッパ内の七年戦争、北アメリカでのフランスとの植民地獲得戦争に参戦。戦争に勝利はしたものの多大な負債を負うことになります。中国との貿易赤字により経済状況が悪かった英国は、この負債を植民地にも負担させようとしました。アメリカへの課税は一七六四年の砂糖法に始まり、一七六五年の印紙法へと続きました。日常生活に必要な紙類すべてに印紙を貼ることを義務づける印紙法（新聞、パンフレット、トランプ、卒業証書にいたるまで！）は強い拒絶にあいます。

当時アメリカに移民していた人びとは、どんなお金持ちでも参政権が認められていませんでした。一方的な課税に反発した植民地の人びとは、これらの税金に反対し、自分たちの地位を向上させるために、「代表なくして課税なし」のスローガンのもとに団結します。彼らはアメリカに住んでいても英国人としての誇りをもっていました。ですから、「本国で英国人に認められている権利がアメリカにいることで認められない」ことに怒りを示したのです。商売などでそれなりの成功をおさめていた者のなかには、身分を隠すために船乗りや農民に変装して抗議活動に参加する人もいたそうです。

砂糖法、印紙法は植民地側の強い反発にあい廃止されますが、英国政府は次の手として「タウンゼンド諸法」を一七六七年に成立させます。英国政府は植民地が印紙法を強く拒絶したのは、直接税だったからだと考えていました。そのため、関税のような間接税であれば問題ないだろうと、アメリカに輸入される茶、紙、塗料、鉛、ガラスといった品々に関税をかけることにしたのです。課税対象に選ばれた商品はアメリカでは生産されておらず、かつ英国以外からの購入が認められていなかった品々でした。タウンゼンド諸法は、植民地側の不満をますます大きくしただけでした。

タウンゼンド諸法の撤廃《てっぱい》を求め、植民地の貿易関係者は、タウンゼンド諸法の対象とされた英国商品をボイコットする活動を始めます。植民地側の強い抗議により、タウンゼンド諸法の関税は一七七〇年に撤廃されましたが、茶に対する関税だけが残りました。茶はさまざまな品のなかでもとくに贅沢品として特別視されており、社交の要《かなめ》でもあったため、茶に関しては税金が高くても購買は落ちないだろうと考えたからです。それほど、アメリカでも茶は社交、家庭を問わず、必需品となっていたのです。

しかし「茶に対する関税」は英国本国の圧政の象徴となり、人びとの反発の結果、密輸が拡大していきました。当時英国と同じようにアメリカにも、オランダやフランスから密輸で多量の茶が入っていたうえ、人びとが積極的に密輸茶を愛飲し、英国からの茶をボイコットしつづけたため、イギリス東インド会社は多量の在庫を抱え、財政的な危機に瀕します。

これは英国政府にとって予想外の事態でした。茶のボイコット運動は、別名「ノンティー」とも呼ばれ、女性たちも「家庭で必要な物はアメリカ国内で生産されているものだけでまかなおう」と、衣服を自給するための糸紡《いとつむ》ぎ大会を開いたり、集会の際にはハーブティーを「リバティーティー」と名づけて販売したりしたそうです。しかし茶には薬効があると信じている人もいたため、医薬目的で茶を求める人には、政治団体が危害を加えないように、各団体が特別許可書を発行し、安全に茶を買えるようにする配慮もされました。

英国政府は一七七三年、新たに「茶法」を制定します。「茶法」とは、在庫が消化されるまでの間、イギリス東インド会社は関税なしにアメリカの植民地に茶を売ることができるというものでした。イギリス東インド会社は過剰在庫を消化でき、かつ関税がなくなることで、当時の密輸茶より安値になるため、不満を抱えているアメリカの消費者の救済にもなると思われました。英国政府はこれで事態が収拾すると見込んでいましたが、人びとは納得しませんでした。茶法がイギリス東インド会社に特権的な利益をもたらすのは確かであり、そもそもの問題は移民が入り込む余地のない、本国の政治制度そのものだったからです。茶法反対運動は活発化する一方でした。

ボストンティーパーティー事件

「茶法」成立後に初めて、茶を積んだイギリス東インド会社の船は、一七七三年一二月アメリカの四つの港に到着しました。しかしどの港周辺でも英国政府の方針に対する反発運動が起こっていたため、茶は荷揚げされなかったり、実質的に倉庫に封印されるなど、販売が抑制されました。ボストン港には三隻の船が入港していましたが、ボストン市民は荷揚げせずに英国に退去するよう強く求めます。人びとの怒りに恐れをなした貿易船の船長は英国に引き返そうとしますが、これには港湾当局の許可が必要でした。もちろん港湾当局の役人は英国政府から派遣

The Boston Tea Party
THE BOSTON TEA PARTY
Tempers flared in the American colonies when the English Parliament passed the Tea Act. This oppressive legislation granted a tea monopoly to the East India Company and retained the hated tax on the popular brew. In Boston, on December 16, 1773, a group of patriots responded to the act by disguising themselves as Indians, boarding tea ships, and dumping the cargo into the harbor.
Furious at this rebellious deed, known as the Boston Tea Party, the English Parliament passed laws to punish the people of Massachusetts. These stern measures helped set in motion a series of events that eventually culminated in the American Revolution.
The historic U.S. mint stamps on this Panel depict citizens disguised as Indians hurling tea into the harbor from the deck of a British ship. They were issued in 1973.
USA 22
BOSTON, MA
DEC 16 1986
02205
Boston, Massachusetts — December 16, 1773

ボストン港では毎年、ボストンティーパーティー事件が起きた12月16日に記念行事を行っています。写真は1986年12月16日の消印が入った記念品。切手のデザインもボストンティーパーティー事件にちなんでいます。

ボストンティーパーティー事件を回顧して描かれました。船に乗り込んだ自由の息子たちの姿は、アメリカの先住民モホーク族の姿として表現されています。（The Destruction of Tea at Boston Harbor／Nathaniel Currier 1846年）

ボストン美術館の中には、ポール・リビアが製作した銀器がたくさん展示されています。右は有名なリビアの肖像画。机の上に置かれているのは、銀細工のための道具です。まだ彫刻がされていないポットを片手に、物思いにふけるリビア。彫るべきか彫らざるべきか、税金を受け入れるべきか拒否するべきか、大好きな茶を飲むべきか、飲まざるべきか。自分たちの権利について思い悩むリビアの姿は、当時のアメリカ国民の葛藤を表現しています。ボストン美術館。（John Singleton Copley 1768年）

されている者たちなので許可は下りません。船はボストン港で立ち往生してしまいます。

　一二月一六日、船の停泊期限が迫った夜、オールドサウス・ミーティングハウスで「自由の息子たち」の集会が開かれました。集会が終わると、彼らは三つのグループに分かれ、夜陰《やいん》にまぎれ三隻の船を襲撃します。その人数は五〇〜六〇名ほどでした。その多くは身分がわからないように変装していました。彼らは約三時間かけて、船に積まれていた三四二箱の茶箱を斧《おの》で壊し、中の茶を海に投げ捨てました。「寒空（ボストンの一二月の平均気温はマイナスを記録します）のなか騒ぎを聞きつけた何千人もの人びとは、この光景を黙って見つめ、ボストン港には茶箱をたたき割る音だけが響き渡った」。現場にいた人のそんな証言が残されています。その場に居合わせた多くの市民は、この事件をきっかけに今後英国との関係がより悪化していくだろうと想像し、本国との決別を覚悟したかもしれません。

　この事件は「ボストンティーパーティー事件」として大きく報道をされました。パーティーには「政党」という意味がありますが、この事件が「ボストン茶党事件」ではなく、「ボストン茶会事件」とされたのは、襲撃に参加した市民が「ボストン港をティーポットにしてやった」「英国国王ジョージ三世（一七三八〜一八二〇）に対するティーパーティーだった」など、過激なジョークを言ったからだともいわれています。

　もちろんこの事件をアメリカにいたすべての人が肯定したわけではありません。政治家のベンジャミン・フランクリン（一七〇六〜一七九〇）は私財をもって海に投じられた茶の代金一〇〇万ドルの賠償を試みようとしたといわれています。結局、賠償はしなかったのですが、茶を捨てるという暴挙《ぼうきょ》にでた「自由の息子たち」の過激な行動に対して、疑問をもった人がいたのも事実です。

　英国ではこの事件は「植民地で過激派が、なにやら陰謀を巡らして英国商船を襲撃し、その積み荷を強奪したうえに破棄した」と報道され、国民に衝撃を与えました。当時の英国国民の多数は、植民地アメリカを本国より下に見ていたため、「どうしてそのような事態になったのか」と、理解に苦しむ人が大半でした。

　ボストンティーパーティー事件に対し、英国政府は税措置の非を認めず、ボストンを軍の力で制圧しようとします。本国の措置に腹を立てた植民地側は、ペンシルベニア州のフィラデルフィアに植民地代表を集めて第一回大陸会議を開き、英国との経済的断交を決議。こうして一七七五年、独立戦争が勃発したのです。成功の象徴であった茶が、植民地の独立のきっかけとなったのです。

　アメリカ独立戦争の植民地側の英雄のひとりに、ポール・リビア（一七三五〜一八一八）がいます。一七七五年、英国

Column

トワイニング社の御曹司、ジョージ・ワシントンと面談する

　減税法の進言をしたリチャード・トワイニングは、茶の価格を下げたことで国民の信頼を得ます。彼は1810年にイギリス東インド会社の理事にも推薦され、茶貿易の拡大に貢献したのち、1824年に逝去しました。その息子トーマス・トワイニング（生没年不明）は、1796年にフィラデルフィアで、アメリカ初代大統領ジョージ・ワシントン（1732〜1799）と面談しています。ワシントンは、ボストンティーパーティー事件前から茶の愛好者で、独立戦争後、多くの人がコーヒーに流れていくなか、再び喫茶を習慣としました。トーマスと会った時、ワシントンは大統領を辞して３年が経っていましたが、政治問題を熱心に話したあと、トーマスに「夕食に一緒にお茶を飲みませんか？」と声をかけたそうです。先約があったトーマスはこの申し出を断ってしまいました。のちに彼は「この決断は間違っていたし、思慮にも欠けていたと後悔している」と書き残しています。英国の老舗茶会社トワイニング社の御曹司と、ワシントンの茶会……実現していたらどんなに素敵だったことでしょう。

1775年4月18日の夜に英国軍の動きをレキシントンの仲間へ知らせるために馬を走らせているポール・リビア。（ボストンティーパーティー・シップス＆ミュージアムにて）

ウイスキーのボトルにはポール・リビアのサインが刻まれています。このメーカーはすばらしい銀器を生み出したリビアに負けない職人魂を込めたウイスキーを作っていることを自負しています。（Old Taylorの広告／1935年）

軍による、植民地側の武器庫となっていたレキシントン侵略にいち早く気づいたリビアは、ボストンからレキシントンに、一目散《いちもくさん》で馬を走らせます。リビアの活躍で、英国軍の動きを知ることができた植民地軍は、独立戦争の第一戦であるレキシントンの戦いに勝利しました。彼の伝達劇は「真夜中の疾走」として、今でもアメリカで語り継がれています。

　実はリビアはもともと茶の愛好家でした。彼の父はボストンで銀職人をしており、リビアもそのあとを継いでいました。彼の銀細工はとても美しく、人気がありました。しかし英国との摩擦が強まると、贅沢な銀器で茶を楽しむことは悪と見なされるようになり、家業は衰退します。そしてリビア自身も「自由の息子たち」の活動にのめり込んでいきました。

　リビアは一七七三年のボストンティーパーティー事件にも参加します。また、ボストン安全委員会の伝令役として、馬に乗ってニューヨークやフィラデルフィ

イギリス東インド会社の船着き場。大勢の船乗りと茶を買いつけに来た商人で賑わっています。(The Illustrated London News 1867年10月26日)

アまで行き、政治的な情報を伝える役目も務め、これが、先に紹介した「真夜中の疾走」につながったのです。

アメリカは一七七六年、独立を宣言しますが、英国がアメリカの独立を認めるのは七年後の一七八三年でした。長く続いた争いはアメリカでの茶消費をますます衰退させました。さらに一八一二〜一四年の「英米戦争」では、両国の貿易は完全に麻痺し、アメリカ人の茶離れをさらに加速させました。

こうしてアメリカは茶を飲まない国になるのです。ちなみに、同じ北アメリカ大陸にあった植民地のなかで、アメリカとは対照的に英国の統治下にとどまることを選んだのが、現在のカナダです。アメリカにいた英国忠誠派の人びとの多くは、この時代カナダに亡命しました。そのためカナダには英国茶文化が現在でも根強く残っているのです。

ウィリアム・ピットは24歳の若さで英国最年少の首相になりました。(A. Goffineau 1809年／1899年版)

茶減税法の通過とさらなる貿易赤字

アメリカという植民地の独立にまで発展した茶に対する関税は、英国本国でも深刻な問題でした。英国では、一六六〇年から茶は贅沢品として課税対象となり、独立戦争後は戦費負担のためその税率は年々上昇。一七八四年には一一九パーセントという法外な税率にまで膨らんでいました。茶の輸入は一七二一年以降、イギリス東インド会社の独占状態でした。しかし、イギリス東インド会社から正規に茶を仕入れ、高い税金を払うと、販売価格もはなはだしく高価になってしまいます。そのため市場に出回っていた茶の大半は「正規茶」ではなく、オランダからの安い「密輸茶」でした。

密輸の規模はかなり大きく、正規茶の小売業者は茶が売れず、政府には期待する税収が入らない。このままでは英国でもボストンティーパーティー事件のような、茶の大ストライキが起きかねません。

トワイニング社の四代目当主リチャード・トワイニング（一七四九〜一八二四）は、当時まだ三〇代の若い経営者でしたが、茶業者団体の会長をしており、首相ウィリアム・ピット（一七五九〜一八〇六）に茶税の改善を訴えました。一介の茶商人が現役の首相に進言をするなど図々しいと非難の声もありましたが、リチャードは茶業界の未来のためならば命をかける覚悟で、「茶税を撤廃することで生じる歳入損失の埋め合わせ金を、茶の取扱業者が以後四年をかけ、責任をもって国庫に納入すること」を提案しました。数度の話し合いの結果、一七八四年、ピットは減税法を通過させ、茶の関税は一一九パーセントから約一〇分の一となる一

乾隆帝と対面するマカートニーの足下には、英国から皇帝への贈り物である玩具が置かれています。正面奥には急須と湯呑みを載せた盆を持つ使用人の姿も。東洋文庫ミュージアムにて。(James Gillray 1792年)

二・五パーセントに引き下げられました。
トワイニング社は一七八六年、「減税法通過前の一〇年間、当社の茶の年間平均取扱量は六〇〇〇万ポンド（約二七〇〇トン）でしたが、通過後一年間の売り上げは一六〇〇〇万ポンド（約七二〇〇トン）になりました」と、報告しています。これは正規ルートの茶の販売量が増えたことを証明しています。イギリス東インド会社の茶の価格が下がり、問題になっていた密輸茶の必要性はなくなり、密輸業者は減少していきました。

よい結果がもたらされた反面、イギリス東インド会社の茶の需要が増したことで、イギリス東インド会社は茶の輸入量を増加せざるをえなくなりました。それは中国との貿易赤字をさらに拡大させることを意味します。この大きな矛盾を重く受け止めた英国政府は、中国政府に「自由貿易の権利」と「貿易港の拡大」を書面で求めますが拒否されます。次に直接交渉のため、一七九三年に全権大使ジョージ・マカートニー（一七三七〜一八〇六）を中国に派遣しますが、交渉は失敗。

これにはマカートニーの態度も影響したようです。乾隆帝《けんりゅうてい》（一七一一〜一七九九）から、中国で家臣が皇帝に対して行う中国式の儀礼「三跪《さんき》九叩頭《きゅうこうとう》の礼（三回跪き、九回頭を地に擦りつける）」をするよう要求されたマカートニーは、あくまでも対等な貿易国だと示すために、英国流に膝を屈して乾隆帝の手に接吻することまでしかしませんでした。この一件で、皇帝の機嫌を損ねたと批判する人もいましたが、マカートニーの日記には、滞在中、英国人が茶にミルクを入れることを知った中国側が、使節団のために牝牛を一頭用意してくれたことが書かれており、中国側の英国人に対する待遇は決して悪くはなかったとも思われます。

あきらめきれない英国はその後、三度にわたり使節団を中国に派遣しましたが、相手にされませんでした。英国王への中国からの書簡には「貴下の使節が自分の

Column

アールグレイの誕生

対中国貿易が不安定なこの時代、中国を訪れた英国の外交使節団の一員によって持ち帰られた茶がありました。その茶は、外務大臣を務めていたグレイ伯爵（1764〜1845）に献上されました。グレイ伯爵は茶からただよう何とも言えぬ異国情緒あふれる香りに感銘し、香りの似た茶を茶商に命じて作らせたそうです。伯爵が依頼し、愛飲したブレンドティーは「アールグレイ・ティー（アールとは伯爵の意）」と呼ばれるようになりました。当時は現在のように精油を使用した着香方法はとられていなかったため、このブレンドティーは、ベルガモットやレモンなどの柑橘類の果皮を緑茶やボヒー茶と混ぜ合わせて作ったものと推測されます。最初にブレンドした会社として複数の名乗りがありますが、特許が申請されていたわけではないため、特定はできていません。トワイニング社も当時グレイ家の御用聞きをしていたそうです。

（上）グレイ伯爵の肖像画。2008年に公開された映画『ある公爵夫人の生涯』には、若き日のグレイ伯爵が登場します。(Sir Thomas Lawrence 1828年／1844年版)

目でご覧になったように、我々はすべてを所有しています。貴国の製品に用はありません」と明言されていました。

英国は貿易赤字の拡大を防ぐための、待ったなしの対策を迫られました。銀に代わり高額取引が可能な輸出品が必要となります。それにあつらえ向きだったのが、軽量で腐敗《ふはい》しにくく、極度に収益性が高いインド産の阿片《あへん》でした。

一七九〇年代から英国は植民地インドから阿片を中国に密輸出し、その販売代金と引き換えに茶を輸入する「阿片貿易」を始めます。イギリス東インド会社は、インドから中国に阿片を運ぶ船、中国密輸組織との交渉人、使い走りをはじめ、すべての人材を民間に委託しました。自分たちはインドで阿片を栽培し利益を得てはいるものの、中国に阿片を持ち込んではいないというのが表向きの言い分でした。ですからイギリス東インド会社は、阿片貿易で得た利益で堂々と茶を買いつづけました。

密輸で持ち込まれた阿片は、中国人、それも上層から下層という広い階層の人びとをその陶酔感《とうすいかん》で虜《とりこ》にしました。需要の増加に伴って中国の阿片の輸入量は飛躍的に増大します。茶や陶磁器、絹から得られる銀では足りず、今度は中国が英国に支払いを迫られるようになります。こうして両国の貿易収支はついに一八二〇年代、逆転します。

インドのコルカタで撮影された阿片の製造の様子。（The Queen's Empire 1897年版）

中国では阿片吸飲者が増大していきました。阿片を吸うための商館もできました。（The Illustrated London News 1858年11月20日）

インドでの茶栽培への期待

一八世紀後半の茶税問題や、ボストンティーパーティー事件は、英国国内でもイギリス東インド会社が茶の貿易を独占していることへの反発を強めました。一九世紀になるとその声は抑えきれなくなり、一八一三年インド貿易が自由化、さらに一八三三年には中国貿易も自由化されました。自由貿易の解禁日には、リバプール、ブリストル、エディンバラ、グラスゴーなど英国の地方港から一攫千金《いっかくせんきん》を夢見た船が、中国、インドをめざしていっせいに出発しました。こうして、中国の緑茶やボヒー茶を扱う茶業商社が、ロンドンや地方に続々と誕生するのです。

多くの会社が茶貿易の可能性に期待していました。しかし、阿片貿易という非道徳的な商法のうえに成り立っている茶貿易です。これからさらに伸びつづけていく茶の消費量を考えると、中国からの輸入だけに頼るのは間違いで、継続的に茶を確保するためには英国主導で茶栽培を成功させなくてはいけないという意見も出始めます。それを受けて、労働賃金が安いアジアの植民地での茶栽培への関

Column

クルーズで行くアッサムの茶園

アッサム州を流れるブラマプトラ川をボートで下る初の滞在型クルーズ「アッサムクルーズ」が、ここ数年欧米の観光客の人気を呼んでいます。このクルーズでは、アッサムに残されている自然公園、茶園見学が楽しめます。2009年日本で開催された「世界旅行博」でこのツアーは「第16回ツアーオブザイヤー」のグランプリを受賞しました。今でも秘境の地とされるアッサム、きっとブルース兄弟が訪れた頃と変わらない豊かな自然を満喫できることでしょう。

アッサム種は成長すると葉が人間の顔ほどの大きさになるといわれています。アッサムにて。

アッサムの茶園労働者。（Joseph Lionel Williams 1850年／1882年版）

心が高まります。

一七八七年、経済的効果をもつ植物や観賞植物の普及をめざした調査研究を目的に、インドのコルカタに植物園が建設されました。一九世紀になると、英国から数多くの植物学者たちが中国に入り、中国政府が持ち出しを禁じている植物の苗木や種の密輸入を始めます。それらの植物は、英国までの船旅に耐えられない可能性もあったため、中国に近いインドの植物園に多く持ち込まれました。外交使節団の一員が茶樹を持ち出したとの記録もあります。しかし温帯の品種である中国の茶樹が育つには、熱帯のインドは決してふさわしい土地とはいえず、インドでの茶樹育成の試みは難航《なんこう》します。

そこに希望の光を投げかけたのが、ロバート・ブルース（不明〜一八二五）でした。ロバートはイギリス東インド会社の社員で植物研究家でもあり、一八二三年には当時「アッサム」として知られていた地方へ遠征しました。アッサムは英国領の東の国境を越えた地域で、英国人との交易がまだない場所でした。アッサムでジュンポー族の首長と接触したロバートは、現地人が茶を飲む習慣をもっていることを知り、驚きます。ジュンポー族はもともと雲南《うんなん》省の少数民族ですが、ビルマ（現・ミャンマー）に移り住み、さらにその一部がアッサムにも移り住んでいました。そのため、この部族は古くから茶を飲む習慣がありました。彼らは自生の茶を採り、油やニンニクと混ぜて食べたり、煮出して飲んだりしていました。

そしてロバートはアッサム滞在中、丘陵地帯で茶樹を発見するのです。この時は茶の種や苗を持ち帰ることができなかったため、首長に次回は必ず種や苗を採取させてもらえるよう約束を取りつけました。

翌年ロバートは、イギリス東インド会社の任務でアッサムを訪れるという弟のチャールズ・アレキサンダー・ブルース（一七九三〜一八七二）に、自生茶の種と苗木のことを教えて持ち帰らせ、コルカタの植物学者ナサニエル・ウォーリッチ博士（一七八六〜一八五四）に鑑定を依頼しました。残念なことにウォーリッチ博士の見解は「ツバキの樹」でした。ロバートは失意のまま病に倒れ亡くなりました。

しかし、ロバートが見つけたのは確かに茶の樹だったのです。のちにアッサム種と名づけられるこの品種は、中国では「大葉種」と呼ばれていました。大葉種は、もちろんインドが原産ではなく、中国の雲南省から江西《こうせい》省、さらに湖南《こなん》省南部辺りまで生息が確認されている品種です。アッサムには茶の利用法とともに茶樹も伝わってきていたのです。

　一八二八年に植民地インド総督に任命されたウィリアム・ベンティンク卿（一七七四～一八三九）は、インドでの茶栽培を実現させるために、一八三四年「茶業委員会」を発足させます。この委員会で、ロバート・ブルースの発見した茶樹は議論の対象になりましたが、ここでもロバートの茶樹はツバキとの見方が強く、従来どおり中国から苗木を密輸し、栽培と製造の技術者も中国から極秘に来てもらって指導を受けるという方策が選択されました。

　こうしてコルカタ植物園で育てあげられた四万二〇〇〇本の苗木は、実験栽培のためインド各地へ送られましたが、うまくはいきませんでした。弱い苗木を長距離移動させたこと、品種による生息地域の違い、技術者不足といった、複数の原因が重なったためでした。委員会のメンバーのなかにはインドでの茶栽培に対して懐疑的な考えをもつ人も多く、栽培の試みを続けるかどうかが話し合われましたが、ベンティンク卿の強い主張で委員会は茶樹の調査を続行することになります。そしてついにアッサムの丘で、野生の状態で生育している茶の樹を発見するのです。過去にアッサム種はツバキとの判断を下したウォーリッチ博士も、この品種を茶と認めました。

　とはいえ、アッサム種から茶を作るのは困難との見方が強かったようです。長い間自然のままに放置されていたアッサム種は、栽培品種としては中国の品種に劣ると判断されたのです。インドでのアッサム種の茶栽培の実現は、残念ながらこの時代にはかないませんでした。

初代インド総督ウィリアム・ベンティンク卿の肖像画。（Sir T. Lawrence／1859年版）

Column

エディンバラの茶商「メルローズ」

　アンドリュー・メルローズ（1790～1855）は1812年エディンバラで食料雑貨店「メルローズ」を22歳の若さで創業しました。彼の口癖は「なくしたあとに嘆くより、なくなる前に騒いだほうがいい」。この言葉通り、彼は自分の直感を信じて、精力的に商売をしました。1820年にはエディンバラ市内に３店舗を構えるまでになります。

　彼の商店で最もよく売れたのが茶でした。茶に対する関税が下がり、密輸業者が消滅していたこの時代、彼の関心事は「中国貿易の解禁」でした。イギリス東インド会社の独占貿易がいずれ廃止されるであろうことを予測していたメルローズは、アメリカで人気が高まっていた快速帆船に目をつけていました。そして1833年、中国貿易が解禁されるや、快速帆船「イザベラ号」をチャーターし、中国に船を走らせました。エディンバラのリース湾に戻ってきたイザベラ号には、広東の茶が山のように積まれていました。英国でロンドン以外の港に、正式に茶が荷揚げされたのはこれが初めて。メルローズは、茶の自由競争の始まりを象徴する存在となりました。

メルローズ社の陶磁器製のティーキャディボックスは人気でした。（20世紀後半）

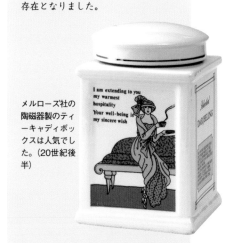

Column

上質のリネンで作られたティータオル

英国に行くと、土産物店や雑貨店、デパートの食器売り場、いたる所で目にするのがティータオルです。ティータオルは別名「ディッシュタオル」とも呼ばれ、ディナー皿が拭ける大きさ（縦七二センチ、横五五センチ）です。本来布巾《ふきん》として使用するものですが「もったいなくて、すぐにお皿拭きには使えない」という人も多く、ティートレイの下に敷く、茶菓子が乾燥しないようにかぶせる、部屋にタペストリーとして飾るなど、その使い方は多用です。

ティータオルが初めて作られたのは、一九世紀初頭。紡績機の進化により、アメリカ産綿花を原料とした糸の質が飛躍的に改善され、生産性が上がった時代でした。しかし、一八一二年から始まった英米戦争の間、両国の貿易が完全に停止したため、原料が手に入らなくなってしまいます。そんな綿花の代用品として注目されたのがヨーロッパで収穫できる一年草の亜麻《あま》を原料とするフラックスでした。亜麻を原料とした糸は「リネン」と呼ばれました。

リネン糸は、保湿性や吸湿性に優れていたため、ハンカチや下着、布巾などに活用されるようになります。この布巾は、高級な茶道具を拭くためによく使われたため、「ティータオル」と呼ばれるようになります。ティータオルは主に亜麻の栽培地でもあった北アイルランドで製作されました。アイルランドで製作するので「アイリッシュリネン」という呼び名もつきましたが、残念ながら現在は北アイルランドで亜麻はほとんど栽培されておらず、他国からの輸入となっています。それでも、現在も北アイルランドでは伝統産業として、ティータオルが製作されています。

各紅茶会社もオリジナルのティータオルを販売し、紅茶ファンを喜ばせています。

ロンドンの街中の風景を描いたティータオルはお土産にピッタリです。辻馬車にはトワイニング社の広告がつけられています。

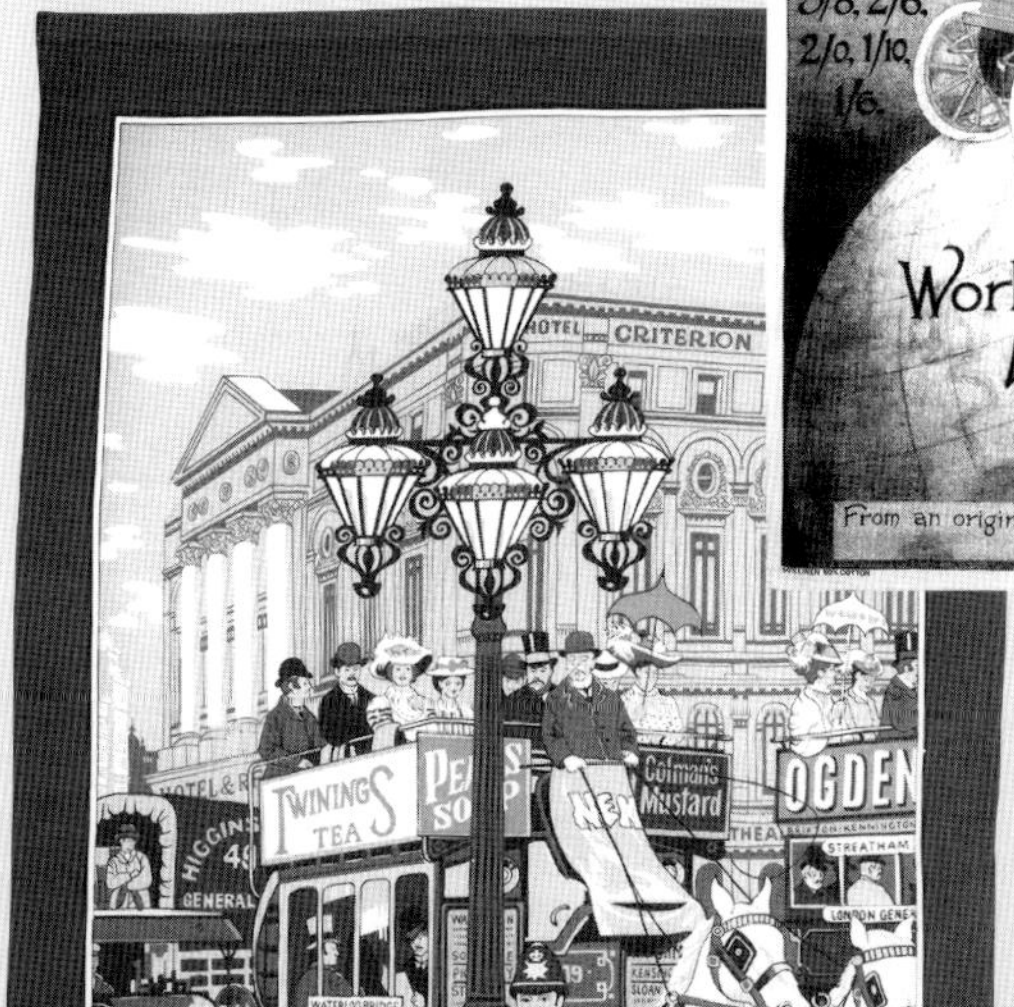

中国貿易赤字により銀の茶道具に変化が

一八世紀後半、ティータイムを彩る銀器に変化が表れます。それまで好まれていた華美で重厚なロココ調のスタイルが急速に減少し、シンプルで平坦な素地に線描がうち込まれたデザインのティーポットやキャディスプーンが普及するようになるのです。その要因は中国との茶貿易にありました。中国との貿易赤字が続いたこの時代、茶の支払いにあてる銀が多く中国に流出し、国内では銀の価格が高騰しました。

銀の高騰に苦しんだ銀職人たちは、少ない銀をより有効に利用することを考えます。そこで銀の板を薄く伸ばす機械が開発されました。薄く美しい素地を完成させることができたおかげで、ひとつの茶道具を作るのに必要な銀の量は格段に減りました。平らで薄い銀の表面に、細くこまかい線の彫刻を施して陰影をつけ、奥行きを与える「ブライトカット」という技法も誕生します。このような発想のおかげで、銀不足の時代も英国人は、お茶の時間を優雅に楽しむことができました。中国との貿易赤字は、銀器のデザインや技法にも大きな影響を与えたのです。

キャディスプーンの柄の部分に、繊細なブライトカットが彫刻されています。（英国製／1804年）

ティータイムの弊害　砂糖による奴隷貿易

砂糖は輸入品のなかでも、生産地域が限定されていたため高価でした。茶の消費量が上がると、茶会に必須だった砂糖の需要も急激に高まり、砂糖の供給は需要に追いつかなくなります。そのため西洋人は、砂糖を自分たちの手で栽培しようと、カリブ海近辺の国々を植民地化して砂糖栽培地の拡大をはかりますが、決定的に欠けるものがありました。それは労働者です。

そこで考え出されたのが、人口の多かったアフリカから人を強制的に送り込むこと、つまり「奴隷」を労働力として使うことでした。英国を出航した船は西アフリカへ向かい、積み荷の代金の代わりに奴隷を要求します。奴隷を乗せた船は西インド諸島やブラジルへ向かい、奴隷と砂糖を交換して、英国へ戻りました。三つの大陸を巡りながら利益を上げる三角貿易は、別名「奴隷貿易」と呼ばれ、多くの人びとの命や人権を脅かし、社会的な問題になりました。

英国国内でも「奴隷に作らせた砂糖を購入することはさらなる奴隷を作り出すことになる」と、砂糖の不買運動をしたり、茶会で砂糖を拒否したりする人も現れました。ウェッジウッド窯の社長ジョサイア・ウェッジウッド（一七三〇～一七九五）も、自分が作っている陶磁器が、砂糖消費の増加にかかわっていることを憂いました。ウェッジウッドが顧客に配った「奴隷解放」を訴えたメダリオンには「私は人間ではないのですか？　友だちではないのですか？」

大英博物館が所蔵している19世紀初頭に作られたシュガーボウル。奴隷が製作したのではないフェアな砂糖を入れるようにメッセージが書き込まれています。

1787年に製作された「奴隷解放メダリオン」のオリジナル。女性たちはこのメダルを髪飾りにしたり、ブレスレットに加工して身につけたそうです。（ウェッジウッド／1787年）

とのメッセージが刻まれました。このメダリオンはアメリカで奴隷解放の活動をしていた政治家ベンジャミン・フランクリンにも贈られました。
奴隷解放が完了したのは一八三八年です。一九世紀に入って甜菜《てんさい》を原料に用いた砂糖栽培が西洋で可能になったことが大きく影響しました。甜菜糖の出現で、茶菓子は著しい発展を見せ、より優雅で贅沢なティータイムが実現していくこととなります。

『キャットと奴隷船の少年』（静山社／2011年）。奴隷貿易をテーマにした児童書。砂糖を話題にしたお茶会の様子や、ウェッジウッド窯の「奴隷解放メダリオン」も登場します。

英国陶磁器産業の発展

ウェッジウッド窯（一七五九年創業）は、英国で商業的に成功をおさめた初期の窯のひとつです。ジョサイア・ウェッジウッドは貧しい子ども時代を送ったため、労働者階級でも購入できる器作りを信条としました。一七六一年に生まれた「クリームウェア」は乳白色が美しい硬質陶器です。一部作業が機械化されていたため、大量生産が可能で、そのぶん価格を抑えることができました。

廉価《れんか》なのに品質がよいため、急速に人びとの生活のなかに浸透し、労働者階級のお茶の時間の充実に貢献しました。一七六五年、ジョージ三世の妻シャーロット王妃（一七四四～一八一八）にクリームウェアを納品したことをきっかけに、クリームウェアは「クィーンズウェア」と呼ばれるようになりました。

中国が西洋諸国に対し制限貿易を始めた一七六〇年代から、中国磁器の輸入量が激減していきます。英国の陶磁器業界にとって、中国磁器に代わる磁器製品の製造が急務となります。磁器の原料であるカオリンの採掘が困難だった英国では、ボウ窯が開発したカオリンの代用品として動物の骨灰を利用する「ボーンチャイナ」のさらなる改良が期待されました。一七九九年に実用可能なボーンチャイナの製造を実現させたのが、スポード窯（一七七〇年創業）です。

クリームウェア（ウェッジウッド／1940年）

ボーンチャイナ（スポード／1830年代）

創設者ジョサイア・スポード一世（一七三三～一七九七）は、銅版転写による下絵付けの技法を開発して陶磁器業界で一目置《いちもくお》かれていました。彼は牛の骨には鉄分が少なく、器作りに最も適していることをつきとめましたが、実現させる前に亡くなってしまいます。あとを継いだ息子のスポード二世（一七五五～一八二七）は、日夜研究に励み、ついに商品化に成功します。

ボーンチャイナの噂《うわさ》を聞きつけた皇太子時代のジョージ四世（一七六二～一八三〇）はスポード窯を訪れ、ボーンチャイナの製造工程を視察し、その技術に感激します。そして一八〇六年にスポード窯を「王室御用達」に認定しました。英国産のボーンチャイナは、のちのアフタヌーンティーのテーブルウェアとして大活躍することになります。

第5章

ティートータル運動とアフタヌーンティーの流行

インドでの茶栽培、そして中国との貿易摩擦に決着がついた一九世紀半ば。英国の茶をとりまく環境は多様化していきます。豪華《ごうか》絢爛《けんらん》たる貴族の館での優雅な午後の茶会、そして労働者階級の脱アルコールのためのお茶が、国の方針によって推し進められていきます。

ティートータル運動 アルコールからお茶へ

絶対禁酒運動「ティートータル（tee-total)」は一八三〇年に政府が「禁酒協会」を設立したことをきっかけに始まりました。これは「酒をやめ、そのお金で健全な家庭生活を取り戻すこと」をスローガンに、アルコールに依存していた労働者に対しお茶を勧める運動です。ティートータルのトータルは絶対禁酒を意味します。ちなみに「tee」はトータルに対する強調の言葉ですが、お茶の「tea」とかけた言葉でもあります。

　なぜ労働者はアルコールにおぼれてしまったのでしょうか。ひとつ目の理由として、労働者の生活環境の悪化があげられます。産業革命が進み工場制度が普及しはじめると、英国人の多くが都市に住むようになりました。都会の労働者の住まいはこの時代に急増したアパートメントでした。部屋は狭く、隣家との壁も薄く、トイレも水道もない。狭い台所ではパンを焼くこともままならず、簡単なスープを作るのがせいぜいでした。暖房をつけようにも、田舎と違いあたりの森林から薪を採ってくることもできないため、石炭を購入しなくてはならず、寒い部屋で震える人がたくさんいました。

　ふたつ目の理由は、労働環境の悪化でした。工場主たちは、最新式の高額機械をフル稼働させたいがため、労働者を長時間拘束しました。一日に平均一四～一五時間働かされるのも普通で、都心の家賃捻出のために、女性も子どもを預けて働きはじめます。さらに貧しい家では、子どもも働き手のひとりと考えられ、児童労働も社会問題となりました。自分のペースで働くことは許されず「時は金なり」が合い言葉になり、規則正しい就業態度が望まれるようにもなります。

　少ない稼ぎ、高い生活費、そして都心での生活によるストレス。男女問わず、ストレスのはけ口をお酒に求める人が増えたのも無理からぬことだったでしょう。男性たちは仕事帰りにパブに入り浸るようになります。女性のなかには「泣いてむずかる子どもを静かにさせるためには、ジンを与えればいい。すぐに眠って便利」と、育児放棄する人も増えました。一八世紀半ばにホガースが描いた「ジン横丁」（四三頁参照）の光景が再現が危惧《きぐ》されるようになります。

禁酒の集いはさまざまな場所で開催されました。簡易式のテント内では、大勢の人がお茶を楽しんでいます。（1845年版）

井戸の水を酒に喩えている風刺画。男性は禁酒を支持する政党の議員です。彼の足下の鞄には「絶対禁酒」の文字が刻まれています。このイラストは選挙活動に使用されました。（Thomas Nast／Harper's Weekly 1884年8月23日）

教会では日曜の午後に茶会を開き、信者たちに禁酒を説きました。ビアマグのように見える大きなカップに、やかんからお茶が注がれています。（The Graphic 1872年1月13日）

一八三四年に英国議会が行った国民の飲酒の実態調査では、飲酒は労働者階級の犯罪、騒動、窮乏の主要因と位置づけられました。そこで始まったのが、「絶対禁酒」運動です。

一八三三年のクリスマスにプレストンで行われた「禁酒協会」のティーパーティーは、あらかじめ一〇〇〇枚のチケットが販売され、当日はさらに参加者が増え合計一二〇〇人もの大規模な集会になりました。当日はなんとお茶のために二〇〇ガロン（約九〇九リットル）のお湯が沸かされ、四〇名の「元大酒飲み」を名乗る男性たちが「禁酒」の文字がプリントされたエプロンをつけて給仕人を務め、世間の話題をさらいました。

一八三九年には一六歳以下の子どもにはビール以外のアルコールを禁じる法律が成立し、パブの営業時間にも規制がかけられるようになりました。

禁酒協会は、禁酒という目標を達成させるためには、強いイメージキャラクターが必要と考えました。そこで注目されたのが一八四〇年に結婚したばかりのヴィクトリア女王（一八一九～一九〇一）と、その夫アルバート公（一八一九～一八六一）でした。それまで労働者にとって王室は遠い存在でしたが、この夫妻は

女王は子どもたちを積極的に公務に連れ歩きました。母としての役割も果たしている女王と、それを支えるアルバート公の姿は国民に好意的に受け止められました。（1849年版）

さまざまな意味で労働者が共感できる要素をもっていました。女王夫妻が「恋愛結婚」で結ばれていたこと。女王が働きながら次々に王子・王女を出産したこと。女王一家の肖像画が公開され幸せな家庭のイメージが定着したことなどです。

印刷技術の進歩により、女王一家の生活ぶりが新聞や雑誌で労働者階級にも伝えられるようになると、国民の女王一家への関心は高まりました。家庭に女王一家の肖像画を一枚飾ることで、理想の家庭像をつねに意識できるようになったのです。禁酒協会の要望を受け女王は禁酒協会の後援会長を引き受けました。

工場でも、労働者に対しての禁酒推奨が始まります。それまで、大半の人は休憩時間に当たり前のようにビールで息抜きをしていました。しかし使用する機械の操作が複雑になり、流れ作業の仕事が増えると、アルコール摂取者の作業効率の悪さが問題となり、禁酒が重要課題にされました。雇用主は労働者のために無料のお茶を用意します。

お茶は成分にカフェインを含んでいるため、飲むと目が冴えます。またミルクティーにすれば栄養価も高い。お茶を飲むことで仕事の効率が上がるのならば、茶葉代くらいは工場側が負担してもいいという雇用主も続出しました。雇用主同士の懇親会《こんしんかい》などでも絶対禁酒についての議論が熱く交わされ、職場の懇親会や慰労会の席でも飲み物のメインはお茶になりました。絶対禁酒運動は「禁酒宣誓」をした人すべてが運動の仲間になれる、階級や上下関係を超えたオープンな運動だったことも、普及の要因になりました。

禁酒運動を推奨する記事。ゴグ（右）とマゴグ（左）は黙示録で最後の敵として書かれています。ゴグとマゴグがお茶を楽しんでいる姿は、禁酒活動の達成を意味しました。マゴグはお茶を受け皿に移して飲んでいます。（Punch, or The London Charivari 1864年11月26日 ）

開拓中のアッサムの茶園。まだ樹が小さく、これから茶園が大きくなっていく様子がうかがわれます。（Joseph Lionel Williams 1850年／1882年版）

アッサムでの茶摘みの様子。お茶の樹には花が咲いています。（Harpers Bazar 1886年6月19日）

アッサム茶の完成

一八三八年、お茶の世界に革命が起きました。アッサム種の原種（五五頁参照）から作られた「アッサム産の緑茶」が、茶業委員会のもとに届けられたのです。この緑茶は、翌年の一八三九年一月に茶業委員会名義の出品でロンドンオークションに掛けられました。八箱のアッサムの緑茶の質は中国の緑茶には及びませんでしたが、植民地で初めて作られたアッサム茶の最初の落札者になりたいという茶商が続出し、一ポンド一六シリングから三四シリングの高値ですべて落札されました。

　この茶の作り手は、ロバート・ブルースの弟、チャールズ・アレキサンダー・ブルース（五五頁参照）でした。「野生の茶は中国の国境を越え、地方から地方へと伝わり、このインドでも東アッサムへと一連の地区に生育圏を形成している」。彼はこの言葉をモットーに、兄の発見した植物が真の茶の樹であることを信じ、畑を拡大し、中国式製茶方法の研究を進めていたのです。彼の願いはかなない、「アッサム種」は一八三九年に正式に「茶」と認められました。

　ロンドンには「アッサムカンパニー」が設立され、コルカタにも支店の「ベンガル茶業会社」が立ち上がりました。一八四〇年、チャールズはジャイプール北地区の総監督としてこの会社に雇用されますが、製茶作業は思いのほか難航します。アッサムは英国の保護地区に指定されるまでの間、内部対立やビルマの侵略により人口の減少が進み、労働力が極端に不足していたからです。大勢の中国人が現在のシンガポール付近から雇われ移住してきますが、彼らは言葉や宗教の違いからアッサム人との間に争いを繰り返し、なかなか居着きませんでした。

　また、インド国内からも多数の労働者が連れてこられましたが、コレラやマラリアが発生し、大半が亡くなってしまいました。これらの病は英国人の間にも流行し、命を落とす人が続出。さらにアッサムの過酷なジャングルには、野生のゾウやサイ、大蛇が生息しており、英国人の侵入を阻みました。

　無事に製茶できても、茶葉を運ぶ輸送ルートが完備されていなかったため、輸出は順調に進まず、大半はロンドンに届けられることはありませんでした。アッサムでの茶栽培は失敗だったのではないか……そんな嫌な噂が英国内に広がり、アッサムカンパニーの株価はあっという間に下落。チャールズは責任を取らされ、一八四三年会社を解雇されてしまいました。

　しかしその後もほかのメンバーによっ

て茶園は存続し、拡大されていきました。アッサムでの茶栽培は一八五〇年頃から軌道に乗りはじめます。そしてこの新しい品種は、熱帯地域でも育つ利点がいかされ、東南アジアを中心にさまざまな国に植樹され、栽培面積で中国種を上回るようになります。そして二〇世紀には遠くアフリカの地にも根づいていくのです。

阿片貿易の結末

「密売《みつばい》するもの、吸飲《きゅういん》するもの、どちらにも厳罰《げんばつ》を。ましてや中国官吏で阿片《あへん》にかかわった者には極刑を！」。この強い言葉は、一八三九年に中国が行った「阿片厳禁論」を象徴するものです。一七九〇年代から英国によって持ち込まれた阿片は、その商法に便乗したフランスやアメリカからも密輸されるようになり、中国社会を食いつくそうとしていました。皇帝の息子までもが阿片中毒で亡くなる始末でした。

阿片戦争の舞台になった廈門でのデモンストレーション。
中央にいる人物が林則徐役の役者です。

　一八三九年、広東に派遣された役人、林則徐《りんそくじょ》（一七八五〜一八五〇）は今までにない強い態度で阿片の撲滅《ぼくめつ》に動き出します。彼は諸外国からの賄賂《わいろ》の誘いを強くはねのけ、外国商人に対し、即座に阿片を放棄することを命じました。命令に従わなかった国に対しては、商館を武力封鎖し、水や食料の供給を断つことも厭《いと》いませんでした。没収した阿片二五〇万ポンド（約一一三万キログラム）は塩と石灰でその効力を消され、人工池の中に破棄されました。海岸沿いでは、阿片密輸にかかわった中国人が絞首刑《こうしゅけい》になり、見せしめに吊るされました。

　諸外国が阿片貿易を断念するなか、英国人だけは引き下がりませんでした。広州の港から阿片を持ち込むのが無理ならば香港経由ではどうか……。阿片の供給不足により、中国国内での阿片の市場価格はそれまでにないほど高額になっていたのです。さらに、両国の緊張を高める事件が香港の九龍《クーロン》で起こります。酒に酔った英国船員が、中国農民と喧嘩になり、農民を殺してしまったのです。当然中国側は犯人の引き渡しを求めましたが、英国側は船員をかばい治外法権を主張。そこで林則徐は英国とのすべての貿易を停止させ、英国商館を封鎖するという強い態度をとりました。

　両国の関係を憂いた中国皇帝はヴィクトリア女王に書簡をしたためます。「貴方の国でも阿片吸引は禁止されていると聞き及んでいます。もし他国の人間が阿片を英国に持ち込み、人びとを誘惑するならば、高潔なる統治者の陛下は、必ずやこれを憎むことでしょう」。しかし、この書簡はロンドンに渡るも、ヴィクトリア女王の手には届かなかったといわれています。

　英国の議会は、「自由貿易を拒否する中国」対策を議論し、一八四〇年二月、ついに中国に対する武力攻撃が可決されました。一八四〇年六月、英国艦隊は一六隻の戦艦と四隻の武装蒸気船に四〇〇〇人の兵士を乗せて広東に入港。林則徐はあわててアメリカ船をチャーターし迎撃を試みますが、間に合いませんでした。

　英国艦隊は、中国沿岸を北上しながら、

厦門《アモイ》、舟山列島、上海《シャンハイ》を占領します。内陸にある南京《ナンキン》の攻略を恐れた中国政府は一八四二年八月に降伏を認め「南京条約」に署名しました。南京条約の内容は、中国側にとって屈辱的なものでした。

戦争賠償金および没収破棄した阿片の補償金二一〇〇万ドルの支払い、香港の割譲、広州を含む厦門、福州《フーチョウ》、寧波《ニンポー》、上海の五港を開港し、各港における貿易免許は中国の管轄権を外れることなど、英国の要求はとどまるところを知りませんでした。唯一中国が強く受け入れを拒んだ「阿片の合法化」も、のちの一八五八年に受諾させられました。

プラントハンターの活躍

阿片戦争が英国の圧倒的な勝利で幕を閉じた一八四二年。園芸師ロバート・フォーチュン（一八一二～一八八〇）は、英国王立園芸協会からプラントハンター（世界中の珍しい植物を採取する人）として中国へ赴任するよう命じられました。プラントハンターを務めるのは初めてです。阿片戦争のあとの中国では、英国に対する深い憎しみをもつ人も多かったため、不安を感じたフォーチュンは、提示された以上の報酬を求めたそうですが、実績のないプラントハンターに多額の報酬は払えないと、却下《きゃっか》されます。フォーチュンは一八四三年から三年間、香港に拠点をおき、周辺の町を訪れながら、中国語や中国独特の習慣、地理などを学び、スパイとしての修業を積みました。

当時、中国には、西洋人は主要な港から四八キロ以内の行動しか認めないという規定がありましたが、彼は賄賂《わいろ》をたくみに使い、遠方まで足を運びました。寧波《ニンポー》では緑茶の生産方法と、茶の栽培について研究。福州では、半発酵茶を生産している農家を訪ねています。彼は二か所

広東周辺の川で、燃料の補給をしている英国艦隊。その強さは圧倒的でした。（The Illustrated London News 1857年7月11日）

1842年に香港は英国に割譲されました。以後香港は英国の拠点地となり、西洋化も進みました。（1857年版）

プラントハンターが伝えた、中国の茶摘み娘の姿。彼らの活躍で、中国のよりフレッシュな情報が英国に届けられるようになりました。（Ballou's Pictorial Drawing-room Companion／1857年4月）

武夷山の道はとても険しかったため、中国式の人力移動椅子は大変重宝されました。イラストの人物は、ロバート・フォーチュンをモデルに描かれました。（Pictorial Times 1847年版）

ロバート・フォーチュンは、植物の移送に最新のウォーディアンケースを使用しました。このケースはガラスを使用したもので、きわめてわずかな通気しか許さない密閉ケースでした。最初に少量の水を与えるだけで、植物は海風の影響を受けずに運搬できました。（1857年版）

の茶産地での調査をとおし「緑茶も半発酵茶も同じ樹から摘んだ葉で作られている」「違うのは製法である」ことを知り、帰国後『中国での三年間の放浪』なる本をまとめました。

　その功績が認められ、フォーチュンは一八四八年、新たな使命を帯びます。依頼人はイギリス東インド会社でした。ボヒー茶発祥の地として知られる「福建省・武夷山」から茶樹の優良品種を持ち出すこと、ボヒー茶の製造工程を植民地インドで指導することがミッションでした。

　こうして、フォーチュンは再び中国へ出航します。上海に拠点を構えた彼は、一八四九年五月、頭を剃《そ》り、現地人の服装に変装して武夷山に侵入します。箸使いから西洋人とばれてしまう危険があるため、人がいる場所では食事もひかえていたとか。

　フォーチュンは苦労の末、江西省の山岳地帯を経由し武夷山の中腹に到着しました。垂直にそびえる巨大な岩々の間を清流が流れ、無数に点在する茶園と寺院。神秘的な風景と、未知なる動植物に満ちた豊かな自然は、彼の好奇心を十二分に刺激しました。茶が育つ土壌、剪定《せんてい》法、茶摘みの仕方、乾燥のさせ方、農園からの積み出し、港までの輸送方法……すべてを注意深く記録しました。フォーチュンは寺院を宿泊地とし、わずか数日間の滞在で、山中で製茶する僧侶たちと語らい、地酒、山菜、川魚などの食事を楽しみ、約四〇〇株の優良茶品種の苗木を譲り受けることに成功します。この冒険によって彼の名は英国中に知れ渡ることとなります。

　一八四九年数か所の茶園から、フォーチュンが手に入れた一万三〇〇〇本の茶の苗木はコルカタに送られましたが、生育した苗木は八〇本ほどでした。一八五一年には多数の茶の苗木と、中国人の製茶職人を連れてコルカタへ渡ります。そこで無事発芽した一万二〇〇〇を超える茶の種を持ち、武夷と気候の似ているインドのダージリンまで届け、さらに製茶指導を行いました。フォーチュンがダージリンの斜面に植えた茶の種は数年後、無事成長し、「ダージリンティー」として出荷されます。英国人は長い間、中国、日本でしか栽培できなかった「中国種」のインドでの栽培に成功したのです。

　インドでの茶栽培が本格化するなか、一八五一年に中国で世界初の紅茶「政和《せいわ》紅茶」が生産されます。生産地は武夷と

武夷山には、九曲渓と呼ばれる９つの険しい渓谷があります。山の上からの眺めは絶景です。

ダージリンの茶畑は傾斜の激しい土地に広がっています。

同じ福建省の政和県でしたが、この頃の紅茶は現在流通している紅茶と比べるとまだ発酵度は低く、仕上がった茶葉も大ぶりでした。英国人は阿片戦争後、中国に対し、英国の硬水でも味が強く抽出される発酵度の強い茶を製造するように働きかけました。これを受けて製茶されたのが「政和紅茶」だったといわれています。紅茶は外観がボヒー茶に比べると黒色にちかく、かつ抽出液《ちゅうしゅつえき》は紅色をしていました。そしてボヒー茶よりも渋みが強く、ミルクに負けないコクをもっていました。

中国では緑の外観をもつ茶は「緑茶」、白の外観をもつ茶は「白茶」、黒の外観をもつ茶は「黒茶」と、茶はその見た目により分類されてきました。新しい製茶方法の紅茶は外観の特徴は「黒茶」と呼ぶべきでしたが、すでに黒茶として認知されている茶があったため、特別に抽出液の色をとり「紅茶」と分類されました。

紅茶の製法はすぐにインドにも伝えられ、さらに発酵度を強めるため茶の揉み込み作業が少しずつ機械化されるようになっていきます。現在適用されている紅茶の製茶方法が確立したのは、機械が進化する二〇世紀になってからです。

アフタヌーンティーの流行

一八四一年、英国の名家、七代目ベッドフォード公爵夫人アンナ・マリア（一七八三～一八五七）は、義理の弟への手紙に「私は先日エステルハージ王子と私の八人の女性ゲストとともに、午後五時にお茶をいただきました。彼は黒一点でした」と書き綴《つづ》っています。この五時のお茶こそ、英国の伝統的文化として成長す

アンナ・マリアはアフタヌーンティーの象徴的な存在として、現在も日本の紅茶飲料のイメージキャラクターとして採用されています。（J. Cochrant／The Court Magazine and Belle Assemblée 1834年版）

19世紀後半日本の開国により、アフタヌーンティーを楽しむ室内にも、日本風のインテリアがふんだんに取り入れられました。(Cyril R. Hallward/The Illustrated Sporting and Dramatic News 1883年11月24日)

ウーバンアビーの広大な庭には野生の鹿が群棲しています。(John Preston Neale 1829年/1830年版)

上流階級のアフタヌーンティー。大きな鏡に、贅沢な花、床にはムートンが敷かれ、人びとはくつろいだ雰囲気でおしゃべりに花を咲かせています。(1891年版)

る「アフタヌーンティー」でした。

一八四〇年頃から、アンナ・マリアは夕方になると自室にお茶を運ぶように使用人に言いつけ、お茶とともにバターつきのパンを食べることを日課にしていました。それは空腹をまぎらわせるためでした。この時代、英国人の食生活には変化が生じていました。それまで午後五時頃からスタートしていた夕食の時間が、八時から九時頃へと移行したのです。原因は家庭用ランプの普及による仕事時間の延長や、夜の社交の流行です。昼食から夕食の間の時間が長くなったことで、マリアは夕刻になると空腹を感じて暗く沈みがちになったため、間食の習慣をもつようになりました。マリアの自宅ウーバンアビーには、常に客人が何十人も滞在しており、夫妻は客人の接待に追われていました。公爵が男性ゲストとともに鹿狩りを楽しむ間、夫人のマリアは、女性ゲストを応接間《ドローイングルーム》に招き、午後五時前後に、菓子を食べながらお茶を楽しみました。「空腹を感じているのはみんな一緒ではないか?」と思ったからでしょう。

マリアの勘は当たり、ウーバンアビーの午後のお茶は多くの客人に好意的に受け入れられました。上流階級の女性がまだ外に自由に出ることの許されなかった時代、アフタヌーンティーは女性が気の許せる友人たちと屋敷の中でお茶を飲みながら、気楽に会話を楽しめる娯楽のひとつとして流行していきました。

マリアはもともとヴィクトリア女王の母親に仕えていた経歴があり、一八三七

1855年当時流行したフランススタイルのドローイングルーム。ヴィクトリア＆アルバートミュージアムにて。（Samuel A. Rayner 1855年）

年ヴィクトリア女王が一八歳で即位した際も、女王の希望で宮廷にあがっています。しかし、宮廷内の政治的ないざこざに巻き込まれ、一八四一年その役を退きました。マリアを個人的にとても慕っていたヴィクトリア女王はその年、夫のアルバート公とともにウーバンアビーを訪れます。そしてマリアからアフタヌーンティーのもてなしを受けるのです。以後、王室でもアフタヌーンティーが主催されるようになります。

ベッドフォード家には、女王が滞在した部屋が今も当時のまま保存されています。ターコイズブルーのダマスク織りの壁布は、女王が好んだサファイア色を意識して貼られたそうです。

ウーバンアビーのアフタヌーンティーを女王も楽しんだとなれば、招かれたい客人はあとを絶ちません。一八五九年には一年で一万二〇〇〇人もの人がアフタヌーンティーに招待されたという記録が残されています。これが事実だとすると、マリアの家では平均一日三〇名ちかい客人がアフタヌーンティーを楽しんだことになります。これだけの客人と午後のお茶を快適にすごすためには、女主人ひとりだけではなく、多くの使用人たちの力も必要とされました。

上流階級のアフタヌーンティー

では、当時の上流階級のアフタヌーンティーの様子を紹介しましょう。アフタヌーンティーを開催する際、最初の仕事は招待客を決めることでした。これはもちろん女主人の仕事です。ヴィクトリア朝では階級意識が強かったため、招待客の選出には非常に気を遣いました。こちらの顔を立てれば、あちらの顔が立たない、女主人だけでは決めかねる招待客がいた際などに、よきサポート役になったのが執事でした。執事は世襲で仕える者も多かったため、他家から嫁入りしてきた女主人よりも、その家の人間関係に詳しかったからです。執事は執事同士のネットワークをもっており、女主人に適切な助言をしました。

アフタヌーンティーで使用されていたのは「ドローイングルーム」と呼ばれる応接間。優雅な気分でお茶を楽しめるように、インテリアにも配慮がなされました。室内のテーマカラーにそい、ファブリックの色を統一。時代様式をふまえた家具を置き、ゲストの目を楽しませる絵画の選択も、女主人の指示のもと行われました。これには高い教養が必要でした。

応接間をつねに塵《ちり》ひとつないように美しい状態にキープするのは、メイド頭のハウスキーパーと、実働役のハウスメイドの仕事でした。とくにシャンデリア、暖炉の掃除は重労働。アフタヌーンティーが流行すると、大きな館ではテーマカラーの異なる複数の応接間をもつようになったので、その手入れはさらに大変なものになりました。

部屋が丸ごと食器保管庫になっています。チェシャー州のタットンパークにて。

スティルルームでは、アフタヌーンティーのためのティーフード作りが行われました。チェシャー州のタットンパークにて。

ティーセットも、部屋のインテリアとの組み合わせがつねに意識されました。赤を基調とした部屋には赤を取り入れたティーカップ、ロココ調の豪華な部屋には、金がふんだんに使われた優美で派手なティーカップが似合いました。男性がメインとなるディナーでは御法度《ごはっと》となる花柄の愛らしいティーセットも、アフタヌーンティーでは人気でした。ゲストがあっと驚き、感心するようなティーセットをセレクトするには、流行を取り入れることも必要でしたし、時には家紋を入れたオリジナルの食器を特注する必要もありました。

　どの食器も高価だったので、台所とは別に設けた食器室や銀器室に陳列され、取り扱いには厳重な注意が払われました。不心得な者によって「紛失《ふんしつ》」することのないよう、多くの館の執事の部屋は食器室と直接通じる構造になっていました。応接間自体に大きなキャビネットを置いて、実際に使用するのとは別の美しい食器を飾り、招待客の目を楽しませる趣向も好まれました。

　ティーフードについては、招待客の好み、流行も配慮し、「スティルルーム」で働くスティルルームメイドが作りました。スティルルームとは、もともと蒸留酒を作る場所をさし、かつては薬学の最低限の知識があった女主人が薬草を煎じたり、薬効のある植物で蒸留酒を作ったりしていましたが、この時代にはメイドがアフタヌーンティーのための茶菓子やジャムを作る部屋となっていました。

　スティルルームはキッチンに比べて匂いがなく、温度変化も少ないことから、茶菓子の製作や保存に向いていたのです。大きな館では、アフタヌーンティー専属としてフランス人の菓子職人を雇うこともありました。菓子職人にも専門性があり、「コンフェクショナリー」はキャラメルやボンボン、キャンディ、砂糖がけしたフルーツなど、飴細工を中心に製造。「ペストリー」と呼ばれる職人は、スフレやマカロン、メレンゲ、ムースやタルトなどを作りました。

　テーブルにかけるクロス、そしてゲストが膝におく小さなティーナフキンはリネンが最上とされ、リネンを美しく保つ洗濯やアイロンがけの完璧さも重要視されました。テーブルには季節の花が飾られましたが、花を活けるのも女主人の指示に従い、ハウスキーパーやハウスメイドが担当しました。

アフタヌーンティー当日はたくさんの客人が一度に訪れるため、女主人と使用人の連携が必須でした。執事、執事のアシスタント役のフットマンたちは来客の誘導を行い、スティルルームではハウスメイドがお茶を淹れ、接客専門のパーラーメイドが女主人のサービスを手伝いました。

大規模なアフタヌーンティーはブッフェスタイルで行われ、食前にはシャンパンやシェリーなどのお酒も提供されました。女主人の役割は客人に随時お茶を注ぎながら、彼らを楽しませる会話をすることで、知的洗練とマナーが求められました。

ヴィクトリア朝のアフタヌーンティーは午後四〜五時スタートで、最長でも二時間ほどの集まりでした。八時からのディナーに招待客がそのまま同席する場合は、茶菓子を食べすぎないこともエチケットでした。短時間で退席する女性は帽子をかぶったままお茶をいただくこともありました。

アフタヌーンティーのあとの食器洗いは、ハウスキーパーの管理下にあるハウスメイドとスティルルームメイドの役目です。通常の食器や調理器具はコックの管理下にある下働きのスカラリーメイドが洗いますが、アフタヌーンティーで使用する高価な食器は下働きの使用人に任せず、ハウスキーパー自らが監視をし、洗浄させせました。ハウスキーパーは食器を鍵つきの棚に戻す前に、紛失や破損がないかを厳しくチェックしました。

アフタヌーンティーの裏方役である使用人たちは、アフタヌーンティーの少し前の午後三〜四時にスティルルームに集まり、ささやかなティータイムを楽しむことができました。この時は男性使用人も同席し、賑やかなコミュニケーションのひとときとなったそうです。

労働者も虜にした万国博覧会

絶対禁酒《ティートータル》運動は、全国規模で展開していきました。国は労働者の労働環境向上のために、人権保護の思想にもとづいた

銀磨きの洗剤の宣伝。アフタヌーンティーで使用する銀器を美しく保つことは、使用人の使命でした。（The Lustro Companyの広告／1880年代）

大きな屋敷でのアフタヌーンティーでは、ピアノやヴァイオリンの生演奏が花を添えることもありました。アフタヌーンティーの時間をより優雅にすごすために、アフタヌーンティー用のピアノ曲も作曲されました。（An Afternoon Tea／Robert Keiser 1902年作曲／1902年版）

雇用規則を提唱します。児童労働や長時間労働の規制、最低賃金の値上げ、国民生活に欠かせない食料品の価格を下げるなど、労働者階級を援助する新しい政策が次々に実行されたことで、失業率も減少しました。男性の雇用が安定すると、子育て期間中は女性が働かずに家庭を守ることも可能になってきました。

　しかし、労働環境が安定しても人びとの娯楽が極端に少なかったため、政府は公園、運動場、図書館、博物館、動物園の設置をさかんに進め、経済的負担の少ない休日の娯楽施設を充実させました。そして一八五一年には、労働者たちも大注目した世紀のイベント、世界初の万国博覧会がロンドンで開かれました。

　この万博は、産業革命の先駆である英国の技術力の高さを諸外国に誇示する目的で開かれましたが、国民にとっては大きな娯楽、大イベントでした。五シリングの入場料が、開催一か月後からは月曜日から木曜日までに限り一シリングに値下げされたことも労働者の万博への関心を誘いました。世界初のツアー旅行も企画され、田舎町から汽車に乗って万博を見に来る人も多数いました。

　約五か月の会期中入場した人の数は六〇〇万人にものぼり、その利益は約一八万ポンドにもなりました。成功の秘訣は、入場料を安くして、すべての階級に門を開いたことにあるといえるでしょう。もちろん、絶対禁酒は万博会場でも徹底され、紅茶が販売されました。

　万博終了後、展示品の多くは各国の厚意で英国政府に寄贈されました。その数はおびただしく、政府はそれらを展示するための「産業博物館」を設立します。費用は万博の収益でまかなわれました。この博物館はのちに「ヴィクトリア&アルバートミュージアム」となりました。

　産業博物館は誰もが芸術作品を鑑賞できるよう、入場料は無料とされ、特定の日には夜までオープンさせて仕事帰りの労働者も受け入れました。

　博物館はきちんと展示を見ようとすると一日がかりになるほどの広さがあったため、内部にはタイプの違うレストランが複数作られました。博物館内に飲食スペースが設置されたのは世界で初めてのことでした。レストランのひとつ「グリルダイニングルーム」は、アーツ・ア

1847年に一般公開されたロンドン動物園は、市民の憩いの場となりました。（1930年版）

博物館内にあるレストラン「The Grill-Room」。美術鑑賞の合間に人びとは軽食を楽しみました。（The Graphic 1871年5月20日）

ンド・クラフツ運動（美術工芸運動）の中心人物ウィリアム・モリス（一八三四〜一八九六）がデザインしました。これらのレストランでは軽食と紅茶をオーダーすることができました。

この後も政府は万博の収益で、科学博物館、自然史博物館など、多くの公共施設を作りました。休日に気軽に遊びに行ける場所ができたことで、人びとは狭い家から外へ出るようになり、アルコールの誘惑からも少しずつ遠ざかることができるようになります。一八八六年には一三歳以下の子どもにすべてのアルコール類が禁止される法律ができ、子どもの健全な生活の基盤がやっとこの時代にできあがるのです。

新茶を早く ティークリッパーの活躍

一八六〇年代に登場した「ティークリッパーレース」は、労働者も熱狂させる国民的娯楽になります。一八四九年に航海条例が廃止され、英国の港に外国船が自由に出入りできるようになりました。これは一七二一年以来、約一三〇年ぶりのことでした。次々と入港して来るさまざまなフォルムの外国船のなかでひときわ目を引く船、それがアメリカ製の快速帆船「クリッパー」でした。

一八五〇年一二月、アメリカのクリッパー「オリエンタル号」は、香港湾で一五〇〇トンの茶を積み、九七日という記録的なスピードでロンドンに到着しました。イギリス東インド会社の輸送日数の約半分という速さ。積載《せきさい》された茶は、英国船が運ぶ茶の二倍もの値で買い取られました。

クリッパーという名称は、アメリカ独立戦争前後に「軽快に走る」という意味のクリップなる言葉から生まれました。アメリカの近海は、密輸船や海賊船にとって恰好《かっこう》の仕事場で、取り締まり船の目をかすめるためにも速さが必要となり、改良が繰り返されてクリッパーという名の快速船に発展したのです。

これまで、中国で生産された新茶が英国人の食卓に届くまでに、約一年半近い時間が必要でしたが、クリッパーの登場により、輸送時間が短縮され、新茶を年内に楽しむことが可能になったのです。早く届いた茶は香りが高く、おいしい！ 国民は新鮮な茶を求めるようになります。

万国博覧会の会場は、ガラスと鉄骨で建築されました。水晶の宮殿のように見えることから「クリスタルパレス」と名づけられ、話題になりました。（The Illustrated London News 1851年8月2日）

1872年、クリスタルパレスで5000人規模の禁酒運動の集会が開かれました。この集会の際に音楽を演奏したバンド・オブ・ホープは、1847年に労働者階級の子どもの禁酒目的で結成されました。禁酒運動は集大成を迎えつつありました。（The Graphic 1872年1月27日）

クリッパーが運んだ茶は、それまでよりも一トンにつき二ポンド以上の儲けになったため、英国の茶商は愛国心も外聞も捨て、利潤のために、オリエンタル号をはじめとするアメリカのクリッパーと契約を結びます。あわてた英国造船業者は、アメリカに対抗できるクリッパーの建造に取り組みました。英国初のクリッパーは、一八五〇年にスコットランドのアバディーン造船所で造られました。

　一八五〇年代後半に入ると、クリッパーによる時間短縮競争が始まりました。ティークリッパーレースの黄金時代の到来です。新鮮なほど香り高くおいしいお茶の運搬ですから、一番早く新茶を運んできた船が大きな注目を浴びました。最初に荷下ろしされる茶は高値で取引され、船主や船長は莫大な利益と名誉を得ることができました。より早く新茶を店頭に並べたい茶商、速い船と次回の専属契約を結びたい茶商、野次馬も交じり、港はごった返します。一八五六年から、優秀な成績を残した船には多額の契約金や報奨金が出るようになり、船の乗組員のモチベーションも上がり、輸送の質はどんどん上がっていきます。

　賭け勝負の好きな英国人たちは一番船を当てる賭けも始めます。この勝負は誰でも参加できたため、ティークリッパーレースは年を追うごとに白熱していきました。農民、商人を問わず、自分の賭けた船の進行状況が気になり、海事新聞などでクリッパーの動向をチェックしたり、レースの勝敗を早く知るためにテムズ川沿いのパブに集まったりするようになります。「エアリアル」「テーピン」など、有名なクリッパーの名前をつけたパブも登場し、それぞれの船のファンが集う場所になりました。人びとはダービーやボートレースを楽しむ感覚でクリッパーレースを楽しむようになったのです。

　茶が出荷される時季は四月と六月で、中国の茶の積み出し港は、広州、澳門、上海、福州、廈門でした。なかでも最も多く船を送り出したのが福州の港でした。

1866年のエアリアル号。鉄のフレームに木の外板を張った細い流線型の船体は、空気抵抗が少なく、三本のマストは総面積約1620平方メートルあり、風を最大限に受けることができました。そのため、船は時速22〜24キロメートル、最大時は28キロメートルものスピードが出ました。（1925年版）

テムズ川沿いのドックは活気にあふれています。（William Bazett Murray／The Illustrated London News 1877年12月8日）

今も語り継がれるティークリッパーレースは、福州がスタート地点になりました。集まったクリッパー全隻に同時に茶を積み込むことは不可能なため、最初に積み込みがなされる船は、あらかじめ決められていました。前年にロンドンへ一番早く帰国した船、そして中国茶商人の気に入った船でした。そのため中国商人への賄賂もさかんに使われていたようです。

茶の積み込みは、昼夜問わず休みなく行われ、航海士は茶箱の検品《けんぴん》に忙殺されました。後ろの船の航海士は、自分の船の順番が来るまで眠ることすらできなかったため、前の船の茶箱の検品を手伝うこともありました。ほかの乗組員は、やがて開始されることになるロンドンまでの大レースに備えて、船体や帆走装置の整備に余念がありませんでした。船に茶箱がすべて積み込まれると、順次海に繰り出し、ティークリッパーレースが開始されるのです。

数か月に及ぶ海のレースは数々のドラマを生み出しました。なかでも一八六六年五月のレースは、歴史に残る白熱の展開となりました。競い合ったのは、エアリアル号、テーピン号、サーモピレー号、セリカ号、ファルコン号、タイシン号など一一隻。嵐のインド洋をぬけ、同じ日に喜望峰《きぼうほう》を通過した船は、何と四隻もありました。

九月六日の朝、テムズ河口の港で待機していた人びとの前に姿を見せたのはエアリアル号でしたが、その背後にはテーピン号が迫っています。二隻のクリッパーが福州からロンドンまでの航海に要した日数は九九日、そのタイム差はわずか一〇分でした。沸き上がる歓声。ティークリッパーレースは、先に船がドックに入った時点で勝者が決まりますが、ドックに入るには河口からタグボートと呼ばれる小さな船に引っ張ってもらう必要がありました（風のない河川を自力走行できないため）。テムズ河口の港に一番乗りしたのはエアリアル号でしたが、タグボートとの接続がうまくいきません。

観衆は「早く、早く」とハラハラし通しです。そこへ後ろからきたテーピン号が、さっとタグボートと連結し、あっという間にエアリアル号を追い抜き、ゴールしてしまいます。タグボートとの接続が勝敗を分けたのです。

茶の搬送にクリッパーが大活躍する一方、地中海と紅海を結ぶスエズ運河の建設は、着々と進んでいました。スエズ運河完成後、中国と英国間の船の予想航海日数は約四〇日と、クリッパーの半分ともいえる驚異的なものでした。スエズ運河は人工の狭い運河で、波や風はなく、自力走行ができないクリッパーの未来は目に見えていました。こうして、一八六

Column

上下水道の完備により水が安全に

19世紀のロンドンでは、人口増加や工場排水が原因で、水の安全性や生活用水不足が大きな問題になり、上下水道の完備が進められました。また英国政府は1855年にコレラやチフス予防のため、「河川水を使用している水の濾過」を義務化します。ところがこうした動きの最中《さなか》、1861年、ヴィクトリア女王の夫であるアルバート公が腸チフス（その後の研究で胃癌の可能性も高まっています）で逝去。国はその後、上下水道の完備により力を入れました。そのため、ロンドンの水道事情は他国に比べ、19世紀後半には飛躍的に進歩しました。おいしいお茶を楽しむには安全な水が必要です。英国で茶が国民的飲料になったのは、水道の整備も大きな役割を果たしているのです。

ロンドンのフリート・ストリートでの上下水道工事を伝えるニュース。(The Illustrated London News 1845年10月4日)

テムズ川沿いのパブやレストランはクリッパーの入港を待つ人びとで賑わいました。（James Tissot／The Graphic 1873年2月8日）

九年一一月一七日、運河の完成により、クリッパーはその役目を終えることになるのです。一八七二年を最後にティークリッパーレースも幕を閉じ、クリッパーは茶貿易の任を解かれ羊毛や旅客を運ぶようになります。しかし「ティークリッパー」は美しい「薔薇」の名となって英国に甦りました。その薔薇はティークリッパーレースで財をなした茶商フレデリック・ホーニマン（一八三五〜一九〇六）の没後一〇〇年を記念して二〇〇六年に誕生し、世界の薔薇愛好家に親しまれ栽培されています。

　クリッパーとともに、イギリス東インド会社も終焉《しゅうえん》を迎えました。茶の歴史とともに歩んだイギリス東インド会社は中国、インドとの独占貿易という特権を失い、さらに一八五七年にインドで起こったインド大反乱を機に、インド国内で保有するすべての権限を英国国王に委譲させられました。一八七四年、最後の配当金の支払いが終わるとイギリス東インド会社は静かにその看板を下ろしました。最後に残った社員は二名だけだったそうです。残務整理が終わったインドでは一八七七年、ヴィクトリアを皇帝に推戴《すいたい》する英国領インド帝国が成立しました。

エアリアル号と、テーピン号の競争の様子。ルール上、テーピン号の勝利が確定し、賞金が渡されましたが、彼らは得た賞金をエアリアル号と折半することを提案しました。2隻の船のスポーツマンシップは美談として英国全土に伝えられました。（Thomas Goldsworth Dutton 1866年／1950年版）

フレデリック・ホーニマンは、私財を使い世界中の珍しい動物の剝製や化石などを収集し「ホーニマン博物館」を作りました。

スエズ運河開通を伝えるニュース。運河の開通で、アフリカ大陸を回りこまずにヨーロッパとアジアを連結することができるようになりました。（The Illustrated London News 1869年11月11日）

Column

ティーカップから英国紅茶の歴史をひもとく！

一七世紀、東洋から輸入されてきたブルー&ホワイトのティーボウル。一八世紀に入ると国産磁器産業が発展し、色絵のティーボウルが誕生。

その後クリームウェア、ジャスパーウェア、ボーンチャイナと新しい素地の開発によって次々と新しいティーカップが生まれました。ティーカップのデザインは、カップ単独で考えられるものではなく、室内のインテリアとつねに連動してきました。紅茶のために作られた美しいティーカップの変遷については『図説 英国ティーカップの歴史 紅茶でよみとくイギリス史』（河出書房新社）をご覧ください。

1

ブルー&ホワイトのティーボウル（スポード／1805〜1833年）

2

色絵のティーボウル（ミントン／1810年）

3

クリームウェア（ウェッジウッド／1940年）

4

ジャスパーウェア（ウェッジウッド／1930年）

5

新古典主義（ロイヤルウースター／1913年）

6

イマリパターン（ロイヤルクラウンダービー／1863〜1867年）

7

ブルー&ホワイト（スポード／1990年）

8

ヴィクトリアン（ヒルディッチ／1830〜1850年）

9

小花柄（ミントン／1891〜1920年）

10

ジャポニスム（ロイヤルウースター／1891年）

11

アール・ヌーボー（エインズレイ／1934〜1939年）

12

アール・デコ（シェリー／1930〜1933年）

13

フォーチュンカップ（パラゴン／1930年）

14

フラワーハンドル（メルバ／1930年）

15

現代（ロイヤルドルトン／1997年）

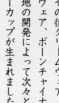

希少価値の高い生産地ダージリン

ダージリンはコルカタから北へ六〇〇キロ、西ベンガル州の最北端、ブータンとネパールにはさまれた東ヒマラヤ連峰霊峰カンチェンジュンガ（標高八五八六メートル）の山麓に位置する高原です。先住民が「ドルジェ・リング」と語り継いできたその地域の標高は二〇〇〇メートルを超えます。チベット語で「ドルジェ」とは、偉大な自然がもつ神秘な力、「リング」は場所を意味しています。この言葉はヒマラヤの山峡《やまかい》に暮らす人びとを驚かす稲妻から発しているともいわれています。それが英語風に「ダージリン」と訛《なま》って、本来の語義を見失うこととなりました。

ダージリンは、もともとネパールの土地でした。一八一六年、植民地拡大を狙った英国にネパールが戦争で負けると、ダージリンは当時親英派であったシッキム王国に譲渡されました。一八三五年からダージリンは、英国がシッキムに賃貸するかたちで保養地として開発されていきます。劇場や別荘など英国的な建物が次々と建てられ、町は発展をきわめます。

一八四一年、ダージリン地区初の長官となったアーサー・キャンベル博士（一八〇五〜一八七四）は、自宅の庭に中国から入手した茶の種を蒔きました。この茶が思いのほか順調に成長したことから、ダージリンで中国種の茶が育成できる可能性が見出

ダージリンの町から望むカンチェンジュンガ。

ダージリン駅周辺の街並み。

ダージリンの視察をしている英国人。女性の労働者によって茶摘みが行われています。（The Graphic 1880年10月16日）

され、ダージリンティーを商業的に生産するきっかけになります。

　ダージリンは一八五〇年、正式なインド領となり、事実上英国人が支配するようになります。一八五一年、ロバート・フォーチュン(六五頁参照)が中国福建省の武夷山から上海、コルカタを経由して運んだ苗木と茶の種がダージリンに届きます。翌年には三つの商業茶園ができ、一八六六年にはその数は三九に増え、さらに一九〇五年には一四八にまで増えました。

　ダージリンには現在、約九〇の茶園があり、一九四七年のインド独立後も植民地時代と変わらぬ製法で紅茶生産が行われています。ダージリンティーは、現在年間生産量で一万トンを割っています。これはインド全体の紅茶生産量の一パーセントにすぎません。しかし全世界で販売されているダージリンティーはその四倍～五倍といわれており、市場にはダージリン以外の茶がブレンドされた商品が「ダージリンブレンド」「ダージリン茶葉使用」などの名称で多く流通しているのです。

　二〇一一年、ダージリンはEUで「地理的表示保護」の認定を取得しました。これを受け、EU内ではダージリン産一〇〇パーセントの紅茶以外は、このブランド名を使うことができなくなりました。インドでもダージリンのブランド確立のために、原産地証明書の発行、取り扱い輸入業者の登録制度など、産地保護の動きが強まっています。

　紅茶のシャンパンと喩《たと》えられる淡い美しい黄金色の水色、そしてクチナシの花やマスカットを思わせる甘い香り、さっぱりとした渋み……フォーチュンが秘境の地に伝えた紅茶の香りと味は今も変わることがありません。真正のダージリンはその希少価値から、価格もその他の産地より高額になるため、紅茶専門店で「茶園名」「収穫時期」が明記されている本物を購入することをお勧めします。

ボードゲーム「Darjeeling」は茶の出荷をテーマにしています。(Rio Grande Games 2007年発売)

面白カップの登場 ムスタッシュカップはいかが?

絶対禁酒が謳われていた一九世紀半ば、ヴィクトリア女王の夫、アルバート公のトレードマークである口《くち》髭《ひげ》が、上流階級から労働者階級の人びとにまで支持され、殿下の真似をして口髭を生やす男性が急増します。

ところがこの口髭は、見た目はいいのですが、お茶を飲む時はとても不便。普通のティーカップを使うと、口髭はすぐに濡れたり、汚れたりしてしまうのです。自慢の口髭を濡らさずどうやって紅茶を飲むか。陶磁器ブランドはとうとう口髭の受けがついた特別なティーカップを発売します。このカップは「ムスタッシュカップ」と呼ばれるようになり、手描きの高価な物から簡易なマグまで、すべての階級の男性のために製作されました。

口髭の紳士と淑女たちのティータイム。(The Illustrated London News 1875年7月3日)

口髭受けがついたムスタッシュカップ。女性用とデザインを合わせて作られることが多かったため、可愛らしい小花柄になっています。(英国製/1890年代)

ムスタッシュスプーンも流行、なかなか見ることのできない珍しいアンティーク品です。(英国製/1920年代)

Column

ティークリッパー「カティサーク」

クリッパー「カティサーク」が造られたのは一八六九年です。カティサークとは、スコットランド語で妖精の着ていた短い下着（シュミーズ）を意味します。カティサークは、一八世紀のスコットランドの詩人ロバート・バーンズ（一七五九〜一七九六）の詩に謳われました。

お酒を飲みたいと思ったり
カティサークが心に浮かんだ時は
考えて見ろ　その悦びの代価が
高くつきはしないかを
シャンタのタムの牝馬を思い出せ

シャンタのタムは大酒飲みで、ある日仲間と飲んだ帰りに、夜中の教会で下着姿のまま踊る妖精ナニーの姿を見てしまいます。最初は静かに見ていたのですが、その豊かな肉体にタムはだんだん興奮してきて「いいぞ！　カティサーク」と思わず叫んでしまいます。驚き、怒ったナニーは、あわてふためいて馬で逃げ出すタムを追いかけます。妖精は水が嫌いで川を渡れないことを知っていたタムは川に向かいます。しかしナニーは馬が川を渡る寸前に、そのしっぽをつかみます。可哀想なことに、馬のしっぽは抜けてしまいました。

クリッパー「カティサーク」の船首には胸をあらわにしたナニーの下着姿の木彫りが飾られました。タムを追いかけるナニーの必死な形相は「獲物を逃がすものか（レースに勝つ）」という気迫にあふれています。そして水嫌いのナニーにあやかり、ナニーがいれば船は沈没しない、そんな思いもこのクリッパーの名前にこめられたのでした。

現在この世に残るティークリッパーはこの「カティサーク」一隻です。カティサークは茶貿易の歴史を物語る貴重な文化財産としてグリニッジに保管されています。

カティサークは紅茶の運搬を終えたあと、羊毛を運ぶ船として活躍しました。（Cutty Sarkの広告／1972年）

ナニーがタムの乗る馬の尻尾をつかんだ瞬間を描いています。（The Illustrated London News 1844年1月6日）

カティサークの船首ナニー。馬の尻尾を片手に悔しそうな表情でタムをにらんでいます。

ヴィクトリア朝のアフタヌーンティー

ヴィクトリア朝のアフタヌーンティーをテーマとするアンティーク画（左上）をご紹介しましょう。ティーテーブルの上には、純銀製のティーポットが置かれています。ティーポットの下には、保温用の台座があります。冬の寒い日、紅茶が冷めないように工夫していたのでしょう。ティーポットは、部屋の内装にあうデコラティブな細工のものが好まれました。興味深いのが、ティーポットの注ぎ口にぶら下がっているティーストレーナー（茶漉《こ》し）です。バスケット形のティーストレーナーは今ではあまり見かけませんが、当時はごく一般的なものでした。テーブルにはミルクピッチャーも置かれています。ティーポットの大きさと比較すると私たちにはやや大ぶりに見えますが、これは英国人はミルクをたっぷり入れた紅茶を飲む習慣があるからです。アフタヌーンティーの主役ともいえるティーカップは、上流階級の家では総手描きのものが好まれました。女性の視線はティーカップの中に注がれています。これは当時流行していた「紅茶占い（一〇一頁参照）」をしている様子です。茶殻の形で運勢を占う紅茶占いは、上流の女性たちの間でも定着していました。

　女性が着ているのは、アフタヌーンティーの衣装として好まれた茶会服「ティーガウン」です。紅茶を注ぐ際に、胸元が見えないデザインが好まれました。

　ティーガウンは、中産階級の女性の間でも茶会服として流行します。優雅な雰囲気を醸し出すため、丈は長くとられました。アフタヌーンティーは家庭内での社交だったため、動きやすく、かつくつろげるように腰回りを締めつけない、ゆったりとしたウエストになっています。女性らしさを演出するため生地は柔らかく、半ば透けているような素材が好まれ、レースのひだ飾りも人気でした。専門店に好みのティーガウンをオーダーする女性もおり、家で手縫いする女性もいました。美しいティーガウンを身にまとうことは、茶会の主である女主人の威厳にもつながったのです。

優雅なティーガウンを身にまとい、冬の午後のティータイムを楽しむ貴婦人。（Harpers Bazar 1896年2月22日）

18世紀にスプーン形の茶漉し「モートスプーン」（上段）が登場します。19世紀になると、茶の発酵度を高めるために生葉の揉み込みが強化され、茶葉の形状が細かくなったことから、ポットの注ぎ口に直接つけて使用する「バスケット形」（中段）に変わりました。20世紀には、現在も使用されている「持ち手のある茶漉し」（下段）が登場しました。

女性へのクリスマスプレゼントを特集した記事のなかに、ティーガウンが登場しています。ティーガウンは当時の女性の憧れでした。（The Sketch 1896年12月23日）

1910年頃に流行したティーガウンのパターンの復刻版。（Anna M. Lankford 1910年デザイン／2003年版）

第6章

紅茶は国民飲料へ

一九世紀後半、インドのアッサムから植樹されたアッサム種の茶の樹は、とうとうセイロン島にも根づきました。英国は中国に頼らない紅茶生産を確立していきます。紅茶の生産量の増加とともに、紅茶は国民すべての生活に定着し、国民的飲料としての地位を確立しました。

中国に頼らない紅茶生産、セイロンで始まる

ヌワラエリヤの中心地にある、1828年に建てられた郵便局。

スエズ運河の開通時、英国首相を務めていたウィリアム・グラッドストン（一八〇九～一八九八）は、一八六五年に紅茶の詩を詠んでいます。

もしもあなたが寒い時
紅茶はあなたを暖めるでしょう
もしもあなたが暑い時
紅茶はあなたを冷やすでしょう
もしもあなたの気分が沈んでいる時
紅茶はあなたを元気づけるでしょう
もしもあなたの気分が高ぶっている時
紅茶はあなたを鎮めるでしょう

四季を通し紅茶は嬉しい時も悲しい時も人びとのかたわらにある。紅茶は人びとの生活の奥深くまで浸透していたのです。その大切な紅茶を、さらに買いやすい価格で届けるため、英国政府が注目したのが植民地セイロン（現・スリランカ）でした。

一八世紀末、広大な植民地だったアメリカを失った英国は、スパイス、コーヒーの生産地として注目されていたセイロンを是《ぜ》非《ひ》でも獲得しようと、当時セイロンを支配していたオランダと戦います。一七九六年にオランダに勝利。オランダ時代に発展したコーヒー産業を引き継ぎました。一八四〇年代には、高産地にコーヒー農園を開拓して栽培面積を拡大していきます。セイロンはもともと人口の少ない土地だったので、コーヒー農園労働者としてインド南部からタミル人の移住も促します。

同時期、インドでアッサム種の発見、栽培開始のニュースが世界に伝えられたものの、コーヒーブームに沸く農園主たちは無関心でした。セイロンは世界第二位のコーヒー生産地となり、英国からや

ジェームズ・テーラーが最初に開拓した「7番」の茶畑。

労働者とともに茶園を開拓するジェームズ・テーラー。（Ceylon Tea Centreの宣伝パンフレット／1970年代）

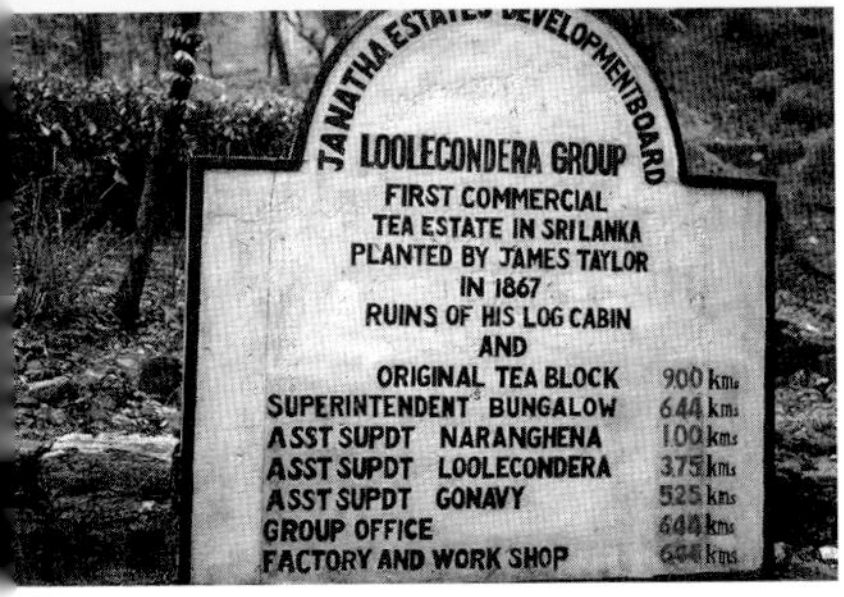

ルーラコンデラ茶園は、紅茶好きにとって訪れたい茶園の1つです。

って来た開拓者たちは大きな財産を築きました。高産地の町には英国風の建物が建ち並び、パブや競馬場、ゴルフ場まで出現し「リトルロンドン」と呼ばれるほどの美しい街並みが完成していきました。

そんなセイロンで紅茶栽培が始まったのは、一八六〇年頃からです。きっかけはコーヒーの樹の病気でした。空中を浮遊する微生物「ヘメレイヤ・ヴァスタトリックス」という菌がコーヒーの樹を壊滅させ、コーヒー中心だったセイロンの経済を破壊していったのです。コーヒー農園主たちの大半が破産。その多くが、タミル人労働者とともにインドに撤退しました。

残った農園主たちが次に注目した植物は「キナノキ」でした。キナノキは南アメリカの高地に生息する植物で、その樹皮はマラリアに効くことで知られていました。セイロンで栽培されたキナノキは、インドのアッサムのジャングルでマラリアに苦しむ人の命を多数救いますが、島のいたるところにキナノキが植えられると、需要に対し供給が上回り、その価格はあっという間に下落してしまいます。農園主たちは、再びほかの植物を探すしかない状況に追い込まれ、インドで話題になったアッサム種の茶の栽培へと目が向いたのです。

セイロンで初めて紅茶栽培に成功した人物は、スコットランドからやって来た開拓者ジェームズ・テーラー（一八三五～一八九二）でした。一八三五年にスコットランドで生まれたテーラーは、九歳の時に母を亡くし、その後継母との関係に苦しむ青年期をすごします。実の父からも愛情を注がれなくなった彼は、一八五二年、一六歳の若さでセイロンにやって来ました。彼はキャンディ近郊でコーヒーの栽培に従事します。しかし農園主は暴力的な人物で、この場所も彼に心の安らぎを与えてはくれませんでした。時代の流れに従い、コーヒーそしてキナノキの栽培に従事した彼は、一八六七年、キナノキ栽培の成功を認められ、キャンディの片田舎ルーラコンデラでアッサム種を使った紅茶栽培を命じられます。

土地の開墾、苗木の育成、製茶工程の研究……困難は多々ありましたが、彼は労働者とともにそのひとつひとつを地道にクリア。一八七三年にセイロンで製茶された紅茶をロンドンに送ることに成功しました。彼の紅茶はロンドンの茶商に非常に高く評価されました。

1861年にコルカタで紅茶の原産地オークションが開始。1883年からはコロンボでもオークションが開催されるようになりました。（Brooke Bondのトレーディングカード／1950年代）

この時代、植民地で成功を収めた農園主たちは、ある程度の財を築くと大手を振って本国に帰るのが通例でしたが、テーラーには待っていてくれる家族もなかったため、ひたすら紅茶の栽培にうち込みます。五七歳で生涯を終えるまで、彼は独身を通し、仕事一筋の人生を送りました。紅茶栽培にかかわってから休暇を取ったのは、ダージリンに製茶研修に行った二週間だけだったことからも、稀に見る仕事人間だったことがわかります。テーラーは亡くなる前日まで茶園で仕事をしていました。

セイロン紅茶博物館にはジェームズ・テーラーゆかりの品が並んでいます。

　彼の遺体は部下だった労働者の手によって、キャンディのキリスト教徒の墓地へ運ばれました。彼の石碑にはこんな言葉が刻まれています。「彼は一生を独身で通した。ルーラコンデラは彼が最初に愛し、そして最後まで愛したところだった」。テーラーの開拓したルーラコンデラ茶園は、今でもセイロン最古の茶園として紅茶栽培が続けられています。

　キャンディのセイロン紅茶博物館にはテーラーに関する展示室が設けられています。そこに展示されている上部の欠けた一枚の皿は、テーラーが幼少期から亡くなる直前まで使用していたものといわれています。その皿にはこんな詩がプリントされています。

もしも妖精たちがお茶に来たら
どんなに楽しいことだろう
妖精たちがこんにちはと言ったら
ようこそと言おう
それから楽しいことが始まるんだ

　この皿を手にした時から、人生を紅茶に捧げる彼の運命は決まっていたのでしょうか。テーラーの幼少時代の一八四〇年前後に、このような「お茶」をテーマにした詩がプリントされた皿が、一般に流通していたことも驚きです。

中産階級の味方『ビートンの家政本』

　一九世紀、中産階級の間では「女性の居場所は家庭であるべきだ」という考え方が一般的でした。男性には外で働く経済力が求められ、女性は男性たちを癒やし子どもたちを愛する家庭の天使、良妻賢母であることが求められました。女性たちは、人生の大半を家の中ですごしていたため、その関心はつねに家庭に向いていました。「いかに花を優美に活けるか」「おいしいケーキの作り方」「パーティーの切り盛り」など、家庭内に仕事はこと欠きません。一九世紀後半、上流階級の館から始まった午後の茶会「アフタヌーンティー」は、そんな中産階級の女性にとって、大切な社交になっていきます。

時代に合わせ改訂を繰り返し、現在も愛されている『ビートンの家政本』。（1930年版）

石鹸の広告にも登場した、イザベラ・メアリ・ビートン。（20世紀初頭）

しかし、産業革命で富を築き、中産階級の仲間入りをしたばかりの女性たちは、残念ながら、正しいお茶の淹れ方、茶会のマナーなどに精通していませんでした。そうした女性たちの強い味方として、当時絶大な支持を受けたのがイザベラ・メアリ・ビートン（一八三六〜一八六五）の編集本『ビートンの家政本《ミセス・ビートンズ・ブック・オブ・ハウスホールド・マネジメント》』でした。

イザベラは、新興の中産階級に属する乾物商の家に生まれます。彼女は国内の寄宿舎学校に進学したあと、ドイツのハイデルベルクの寄宿舎学校に留学。そこでフランス語、ドイツ語、ピアノ、料理など、女性としては最高レベルの教育を受けます。帰国後の一八五六年、出版社を経営していたサミュエル・ビートン（一八三一〜一八七七）と結婚。

サミュエルの会社は一八五二年から『英国婦人家庭雑誌《イングリッシュ・ウーマンズ・ドメスティック・マガジン》』を発行していました。この雑誌は料理、裁縫などの実用、詩・小説などの文学、歴史・作法などの教養、さらに医学、読者の投稿、果ては人生相談にいたるまで、記事内容の幅広い女性誌でした。イザベラは学校で身につけた教養をいかし、編集を手伝うようになります。

夫妻はロンドン郊外の新興住宅地で、料理人、キッチンメイド、ハウスメイド、庭師を各一名ずつ雇い、裕福な生活を始めますが、まだ二〇歳と若かったイザベラは使用人を管理した経験がなく、一家の女主人としての威厳と立場を確立するのに苦労したそうです。そんな経験から、人に尋ねづらいことを教えてくれる「百科全書的な家政本があれば、主婦の大きな助けになる」と思いいたりました。

イザベラは『英国婦人家庭雑誌』で自分が担当していたコラムを編集・加筆し、一八六一年に『ビートンの家政本』を出版します。この本は初版年に六万部を売り上げました。

イザベラは一八六五年に四人目の息子を出産後、二八歳の若さで産褥熱《さんじょくねつ》のため亡くなりますが、この本は一八七〇年までに二〇〇万部もの販売を記録する大ベストセラーとなりました。『ビートンの家政本』が当時の中産階級の女性に受け入れられた理由をいくつか挙げてみましょう。

まずは掲載されているレシピが二〇〇〇種類ととても多かったこと。その内容は英国のものだけでなく、ドイツで学んだものを含み、国際色あふれるものでした。もちろんアフタヌーンティーで出す茶菓子のレシピも多数掲載されました。

イザベラ自身は料理上手ではなかったといわれており、実際に掲載されているレシピのなかで彼女が開発したメニューは一〇点ほどでした。しかし彼女は掲載したレシピすべてを、自宅の台所で、料理人やキッチンメイドたちと一緒に試作・試食・改良をし、その結果を家政本に掲載したので、そのレシピは信頼されました。

　また、人数、シーンやパターン別のレシピの掲載も画期的でした。さらに素材の分量が明確にされていたことも、新米主婦に喜ばれました。この時代、料理は家庭内での伝承ととらえられていたため、分量が明確に記載してある料理本はまれだったのです。さらにイザベラは、この家政本にホストとしての夫の教育方法や、調理道具の一覧表、価格、選び方のアドバイスまで掲載しました。道具の項目には、茶会に必要な道具一式のアドバイスもありました。

　もてなしと接客についての項目も、新米主婦を助けました。イザベラは、多くの人とつながりをもつ社交の大切さを説き、反面、ご近所のスキャンダルをあざ笑い噂話にふけるような人は疫病のように避けるべきであるなど、さまざまなケースをあげ具体的なアドバイスを述べています。さらに、使用人の採用の仕方や育成方法も、多くの主婦に歓迎されました。茶会の時、使用人にどのようなアシストをさせるべきか、銀器の磨き方といった道具の扱いの指導方法などは、すぐに活用できる内容でした。

　では『ビートンの家政本』に記された紅茶の淹れ方をのぞいてみましょう。まず、水をしっかり沸騰させます。イザベラはおいしいお茶を浸出するうえで、沸騰したお湯を使って茶葉を開かせることが重要だと説いています。使う茶葉の量については、ひとりにつきティースプーン一杯と、さらにポットにもう一杯加えることを勧めています。

　家庭内での茶葉の混ぜあわせについてもふれており、緑茶と紅茶を一対四で混ぜることも例として挙げています。さら

SWEETS—1 Pancakes. 2 Rice and Apple Cake. 3 Eclairs. 4 Assorted Pastry. 5 Rice Pudding. 6 Stewed Fruits. 7 Sugar Trifle. 8 Pyramid Cream. 9 Croquettes of Rice. 10 Gateau St. Honoré. 11 Simnel Cake.

『ビートンの家政本』に掲載されているお菓子のレシピ。現在のアフタヌーンティーでも定番のメニューが多く、デコレーションや盛りつけの参考にできるイラストで表されている点も好評でした。(Mrs. Beeton's Book of Household Management 1861年／1888年版)

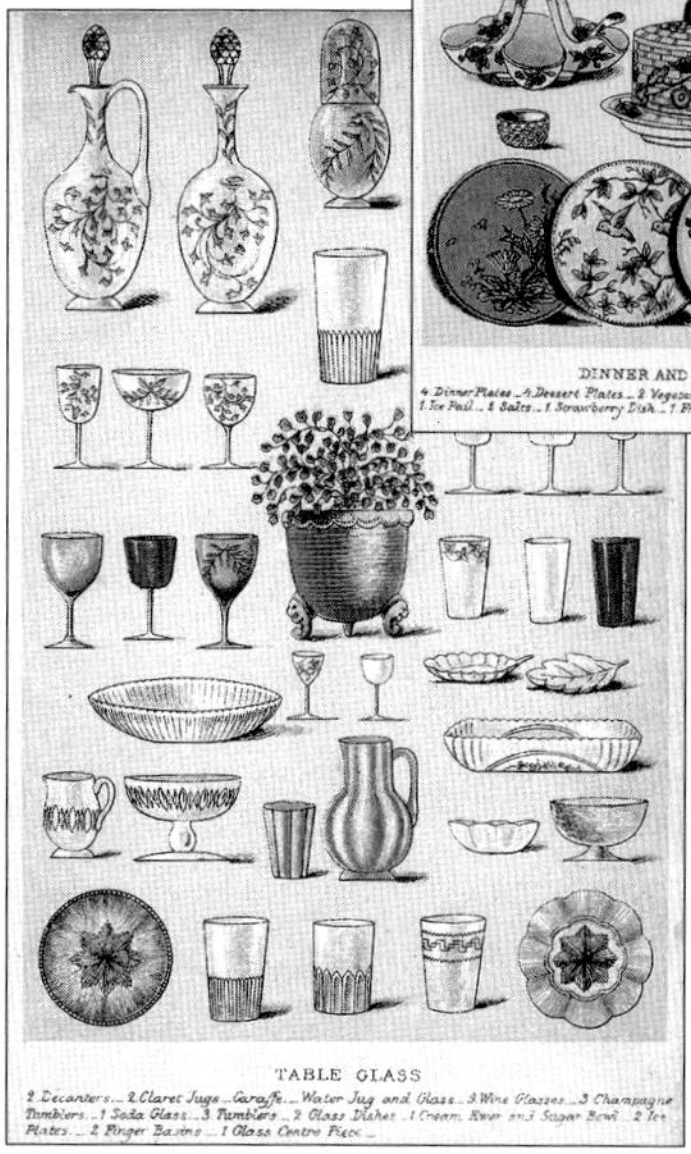

『ビートンの家政本』に掲載されたお勧めの食器類。
流行したジャポニスムのデザインの食器もあります。
（Mrs. Beeton's Book of Household Management 1861年／1888年版）

に大規模なパーティーで紅茶を淹れる時には、ひとつのポットに大量に入れるよりも、ふたつのポットを使う方がサーブしやすいとのアドバイスもあります。また、紅茶は一回で成分が抽出されてしまうため、お代わりが必要な時は、古い茶葉を捨て、新しい茶葉で抽出するよう記しています。

　お湯が沸騰したら、お湯をティーポットに入れて二〜三分そのままにし、ポットが完全に温まったら、湯を捨てます。湯を注ぐ前に重曹や炭酸塩を追加すれば茶葉がよく抽出されるとあり、これは洗濯などにも当時利用されていた方法で「水を軟らかくする」ことが目的でした。

　ただし、イザベラはあまりにも大量に加えた場合、石鹸の味のお茶になってしまうので見きわめが必要と書き添えています。ポットが温まったら必要量の茶葉を入れ、沸騰したお湯を注ぎ、浸出します。浸出時間は茶葉の大きさにより、五〜一〇分が基本と書かれています。

　この紅茶の淹れ方は英国の硬水を基本にしたものなので、水質の異なる日本ではお勧めできませんが、当時の女性にとっては心強いマニュアル本だったことでしょう。『ビートンの家政本』はイザベラ亡きあとも、さまざまな研究家の手で時代に合わせて編集・加筆・アレンジが行われてきました。現在も英国主婦の強い味方として愛されている、ほかに類を見ないロングセラーとなっています。

イザベラが使用人への教育事項を書き残したように、一八五九年の『家事使用人の現実と理想』というパンフレットのなかでも、使用人に対する茶会のルールが記載されています。

主人たちが許可を与えたパーティーであっても最低限のルールを設ける必要があるとされ、「使用人たちのパーティーは紳士方が外出して家にいない時に行うべき。使用人たちが招く友人や家族の人数は制限しておくべき。女性の使用人が男性を招待する場合は、父親、兄弟、公《おおやけ》に認められた婚約者のみにすべき。お茶の葉を使用人が自分で用意するのか家のものを使わせるのかも決めておいたほうがいい」などと、かなり細かい女主人への手引きが書かれています。

また、一八八三年に発行された『若い使用人のための手引書』には、使用人の食生活の管理の仕方が示されていました。「紅茶の飲みすぎは身を滅ぼす。若い女性使用人が大量の砂糖を入れて濃い紅茶を飲む習慣を身につけることは賢明《けんめい》ではない。というのは、しばらくして、自分で購入する羽目になると、これがいかに高くつくかわかるようになるからである」。

茶や砂糖は中産階級にとって買いやすい価格になってはいましたが、使用人たちにはまだ日々好きなだけ口にするには高価すぎたのでしょう。女主人のなかには、留守にする際、夕食に必要な食材を使用人に前もって用意させ、食料庫に鍵をかけて出かける人も多くいたようです。

『ビートンの家政本』の内容をテーマにしたボードゲーム。すべてに答えることができたらかなりのビートン通です。（Susan Prescot Games Ltd. 2006年発売）

中産階級の家庭の紅茶

中産階級の生活のなかに入り込んだアフタヌーンティーの習慣は、一九世紀後半、少しかたちを変え、「家庭招待会《アト・ホーム》」として流行します。正式な招待会であるアフタヌーンティーとは異なり、家庭招待会はもう少し気軽な社交の場でした。招待者側が事前に在宅の日時を知らせておき、客人はその時間内の適当なときに訪ねるといった、略式の茶会です。毎週決まった曜日の午後に開催する家庭が多く、この日に限っては事前約束がなくても訪問が許されました。

家庭招待会の場合、滞在時間は一五〜二〇分ほどが基本とされました。家庭招待会は、お茶を楽しむというより、顔を合わせることが重要でした。女性たちは、その場を借りて正式なアフタヌーンティーやディナーの約束をしたり、ちょっとした噂話をしたり、新しい友人を紹介しあったり、短い滞在時間を有効に利用しました。一日に四〜五軒の家をはしごする女性も多かったそうです。

訪ね先が留守の場合は、使用人に自分の名前を書いた名刺代わりの「訪問カード《コーリング》」を置いて帰るのがマナーとされました。家に入れたくない客人が来た時は、使用人に言いつけて居留守を使う家庭もあったそうですが、基本的にはどのような客が来ても温かいもてなしをすること

コーリングカードは、持ち主の個性を反映させたものが好まれました。エンボス加工されたカラーのクロモスシールでの装飾も人気でした。名前は美しいカリグラフィーで書かれることもありました。（1870年代）

友人を訪ねてのティータイム。家庭招待会は、気軽な交流の場として活用されました。（Punch, or The London Charivari 1860年12月15日）

が、よき女主人の見本とされました。

中産階級の家庭では、子どもたちが一八歳の成人を迎える時にはこのような最低限のもてなしができるよう、幼い頃から教育しました。以前は子どもの生存率が低かったため、たくさんの子どもを産み育てる必要がありましたが、ヴィクトリア朝後期になると、医学の進歩などで子どもの死亡率が低下し、ひとりの女性が産む子どもの人数が減少していきます。人びとの関心は少ない子どもをより確実に育て上げることに向き、子どもにかける費用は増加しました。子育ては「ナニー」と呼ばれる雇いの乳母が中心になり、専用の子ども部屋「ナーサリールーム」で行われるようになります。

英国の子どもはいつ頃から紅茶を飲んでいるのか、興味のある方も多いでしょう。ヴィクトリア朝後期には、「クリスニングティー」と呼ばれる習慣が確立していました。これは、赤ちゃんの洗礼式（生後一か月後～三か月位に行われることが多

家庭招待会の際は長居はしなかったため、室内でも帽子をかぶったままでくつろぎました。（Punch, or The London Charivari 1909年4月14日）

い）後のアフタヌーンティーをさす言葉です。

クリスニングガウンと呼ばれる白いガウンを着た新生児の口元に、冷ましたミルクティーをレースにふくませ触れさせるというセレモニーで、日本のお食《く》い初《ぞ》めと同じように、子どもの健康と成長を願って行われました。そのあと多くの子どもたちは、哺乳瓶《ほにゅうびん》で紅茶を飲み育つともいわれています。とはいえ、哺乳瓶の中に入れられたのは大人が飲むような濃い紅茶ではなく、三〜四倍に希釈《きしゃく》し、さらにミルクを入れた新生児用の紅茶でした。紅茶会社の広告にもたびたび、新生児や子どものティータイムが登場しています。

子どもたちは散歩の時間以外、ナーサリールームでナニーと一緒にすごしました。着替え、食事、入浴の面倒をみるほか、寝かしつけるのもナニーの仕事でした。そんなナーサリールームでのティータイムは「ナーサリーティー」と呼ばれ、子どもたちはナーサリーティーをとおして茶会のマナーを身につけました。

大人の夕食開始時間が午後八〜九時が通常だったこの時代、ナーサリーティーが子どもたちの夕食になることもありました。その場合は栄養補給を目的に、紅茶と一緒にたっぷりのミルクやビーフティー（いわゆるコンソメスープ）、サンドウィッチが用意され、ビスケットやカップケーキなどの甘いおやつもつきました。

このような子どもたちの夕食のことを「ティー」と表現する家庭も多かったそうです。ルイス・キャロル（一八三二〜一八九八）が一八六五年に発表した『不思議の国のアリス』のラストでは、小さなアリスが不思議の国の冒険から目覚めたあと、「ティーの時間に遅れるわよ」という姉の言葉にしたがって帰宅します。この〝ティー〟が、幼い子どもたちの軽い夕食をさす言葉なのです。

当時のティー教育について、『子どものマナー本』からいくつか紹介しましょう。「美しいティーセットの揃え方を知

紅茶の広告。哺乳瓶の中にはミルクティーが入っています。本来はゆりかごに寝ている赤ちゃん用なのですが、兄と思われる男の子が誘惑に耐えきれず飲んでしまっています。（Geo. E. Chace, Dealer in Choice Teas, Coffees and Spice, の広告／1890年）

子ども用の茶道具は年齢に合わせてサイズが変えられていきましたが、どんなに幼い子どもであっても陶磁器の茶器を使用するのが当たり前でした。（J.&P. Coats Best Six Cord. White, Black & Colors, for Hand & Machineの広告／1880年）

る」「ナフキンの折り方を学ぶ」「ティーフードの扱いを知る」「テーブルセッティングの仕方を学ぶ」「招待する友人を選ぶ」「さまざまなアクシデントへの対応を学ぶ」「仕草やふるまいが相手に与える影響について学ぶ」「第一印象の大切さを知る」など、子どもにしてはかなり高度な内容が記されています。

また、実践編として子ども同士の茶会の開き方についても書かれており、タイムスケジュールの提案まで掲載されています。

祖父母の家に招待されている幼い姉妹。姉は大人顔負けの礼儀正しさで紅茶を楽しんでいます。（The Graphic 1887年12月17日）

子どもにも、大人同様の茶会のマナーが求められました。当日はすべての動作をゆったり優雅に行うことも重要でした。（1898年版）

子どもたちにとってティーパーティーは友人を家に呼ぶことのできる絶好の機会であり、自分の成長を両親に見せ、褒《ほ》めてもらえるチャンスでもありました。「招待客を決め、招待状を出す」「必要な品の買い出しを四日前までには計画する」「テーブルクロスにアイロンをかけ、レースも用意する」「銀器を磨く」「当日サンドウィッチ、ケーキ、紅茶を用意する」。このような事項を子どもたちはもちろんひとりではなく、ナニーと一緒に準備します。子どもたちのアフタヌーンティーの完成度はナニー自身の評価にもつながりました。

子ども同士のティーパーティーですから、もちろんゲームなども行われ、帰り際にはお土産もついたそうです。ナーサリールームで行われるこのようなティーパーティーは、子どもたちの社交性を育てました。

では、屋外に目を移してみましょう。中産階級の大人も子どもも夢中になったものに「ピクニック」があります。もともとピクニックの発祥はフランスといわれており、一八世紀末には英国にもその文化が伝わります。一八〇二年、ロンドンに「ピクニッククラブ」が誕生し、それがきっかけとなって上流階級の間でピクニックブームが起きました。ただこの時代のピクニックは劇や音楽を楽しむ「屋内のパーティー」でした。男女が一緒に馬鹿騒ぎをしながら舞台の上で音楽を楽しむ……当時としては、かなり破廉《はれん》恥《ち》な行為だったので、警官が寝ずの番をして見張っていたと新聞で取り上げられたほどです。このように最初は室内でのピクニックが主だったものが、その後場所が屋外に移行していきます。

外でのピクニックは、基本的に上流階級の領地内で行われました。農産物の収穫に恵まれた年は、友人だけでなく、領地内に住む階級の異なる人びとを招いてピクニックを主催する心の広い領主もいたようです。英国の有名な女流作家ジェーン・オースティン（一七七五～一八一七）が一八一五年に発表した『エマ』のなかにも、領主が村民を招いてのピクニックのシーンが描かれています。

上流階級のものだったピクニックは、一九世紀後半には、裕福になった中産階級の娯楽としても認知されるようになります。公共公園の充実、休日の制定、そして鉄道の発達といったさまざまな要因が、ピクニックの流行に貢献しました。都市化が進むロンドンは公害汚染に悩まされていたため、週末はロンドンから少しでも離れて、自然豊かな場所ですごしたい、そんな人びとの強いニーズもありました。

「ピクニックトレイン」と呼ばれる列車も登場します。この列車は、ロンドンとハムステッド・ヒースを結ぶ路線で、平日は石炭を運ぶ役目を果たし、週末は「ピクニックトレイン」として、ロンドンの人びとを緑の美しいハムステッド・ヒースへと運んだのです。

さらに一八八〇年代から、自転車が流行するようになると、サイクリングを楽しむ市民たちが大挙してハムステッド・

水辺でピクニックを楽しむ人びと。美しい銀のティーケトルやジャポニスムデザインのティーポットなど、外であっても室内と変わらない生活美を求める英国人らしい様子が描かれています。（The Picnic／James Tissot 1876年／1937年版）

野外で土曜日の午後を楽しむ人びと。子どもから大人までが紅茶を楽しみながら、ダンスを踊ったり、見晴らし台で景色を楽しんだり、休日を満喫している様子が伝わってきます。（The Illustrated London News 1871年7月15日）

ヒースを訪れるようになります。そして、一九世紀も終わりに近づくと、競馬やポロといった屋外スポーツの観戦時にもピクニックが行われるようになりました。『クリスマス・キャロル』『大いなる遺産』などの作品で知られるチャールズ・ディケンズ（一八一二〜一八七〇）も数多くのピクニックシーンを描いています。

ブルックボンド社のテイスティング風景。つねに安定した質の紅茶を、一定の価格で提供するためには、複数の紅茶を混ぜ合わせる必要があります。（Brooke Bondの広告／1955年6月4日）

工場でパケットティーを詰めている様子。（The Island of Ceylonのトレーディングカード／1964年）

新しい紅茶の販売方法

一九世紀後半は、紅茶業界にとっても変革の多い時代でした。一八六九年創業のブルックボンド社が、紅茶をツケで購入することを全面禁止し、現金のみでの売買を始めましたが、これは画期的な試みでした。ブルックボンド社は当時まだ一般的でなかったブレンドティーの販売、さらに、あらかじめ決まった量の茶が個包装されているパケットティーの販売にも積極的に取り組みました。

紅茶は農産物なので、収穫日によって買いつけの価格や品質にばらつきがあるのが当然とされていた当時。味に偏りの

Column

女王のためのブレンドティーを作ったリッジウェイ社

リッジウェイ社は1836年、ロンドンのキング・ウィリアム・ストリートに創業しました。創業者トーマス・リッジウェイ（生没年不明）はロンドンに店を開く前にも、地方都市で友人と茶の販売を手がけていました。彼は東インド会社の独占によって価格がつり上げられていたお茶を、適正な価格と品質で消費者に届けることを社の方針にします。1850年代にはティークリッパーにも注目し、早く茶を運んだ船に賞金もかけました。

1886年には、ヴィクトリア女王70歳の誕生日を見越した「祝いのための紅茶」のブレンドを王室から依頼されます。トーマスは、インド茶とセイロン茶と中国茶を組み合わせ、女王に献上。女王はこのブレンドティーをとても気に入り、リッジウェイ社を王室御用達に任命しました。このお茶は今日も「ハー・マジェスティーズ・ブレンド」の名で販売されています。

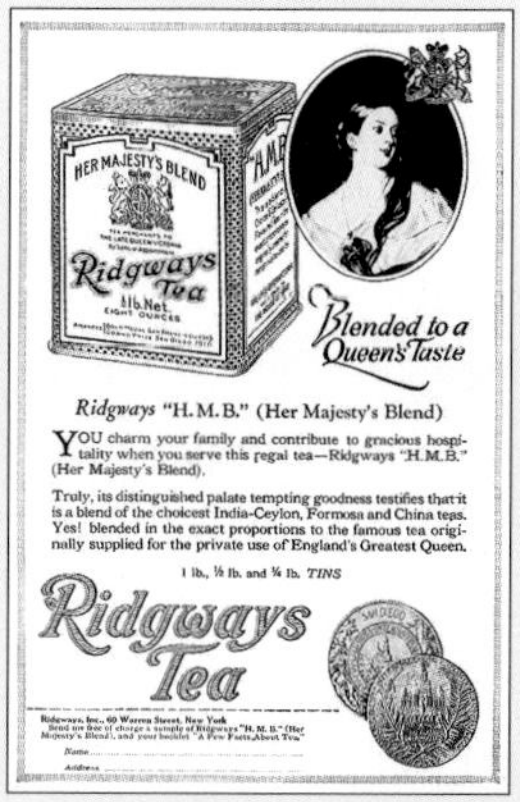

（上）：リッジウェイ社のアンティーク紅茶缶。（1920年代）（下）：ハー・マジェスティーズ・ブレンドの広告。ヴィクトリア女王の肖像画が広告に使用されています。（Ridgways Teaの広告／1922年）

ある紅茶を、茶の専門家がブレンドし、つねに一定の品質、均一の価格に調整することで、レストランやホテルなどに味にぶれのない紅茶を安定供給していったのです。パケットティーのメリットは、個包装することで茶の香りが飛びにくく、かつ在庫管理がしやすい、少人数の店員で販売が可能なところにありました。

　しかしこの方法は、さまざまな方面から物議《ぶつぎ》を醸《かも》します。当時茶は、客がカウンターで自分の好みを伝え、その場で店員が希望した茶葉を量り売り、場合によっては客の好みに合わせブレンドする形式で販売しており、多くの店では顧客の好みを記録していました。このような店からは、ブルックボンド社のパケットティーでの売り方は手抜きではないかと批判されたのです。また、客からは「本当に定量入っているのか？」と懐疑的な目で見られました。そのため、ブルックボンド社は店内に客が自由に使える天秤を

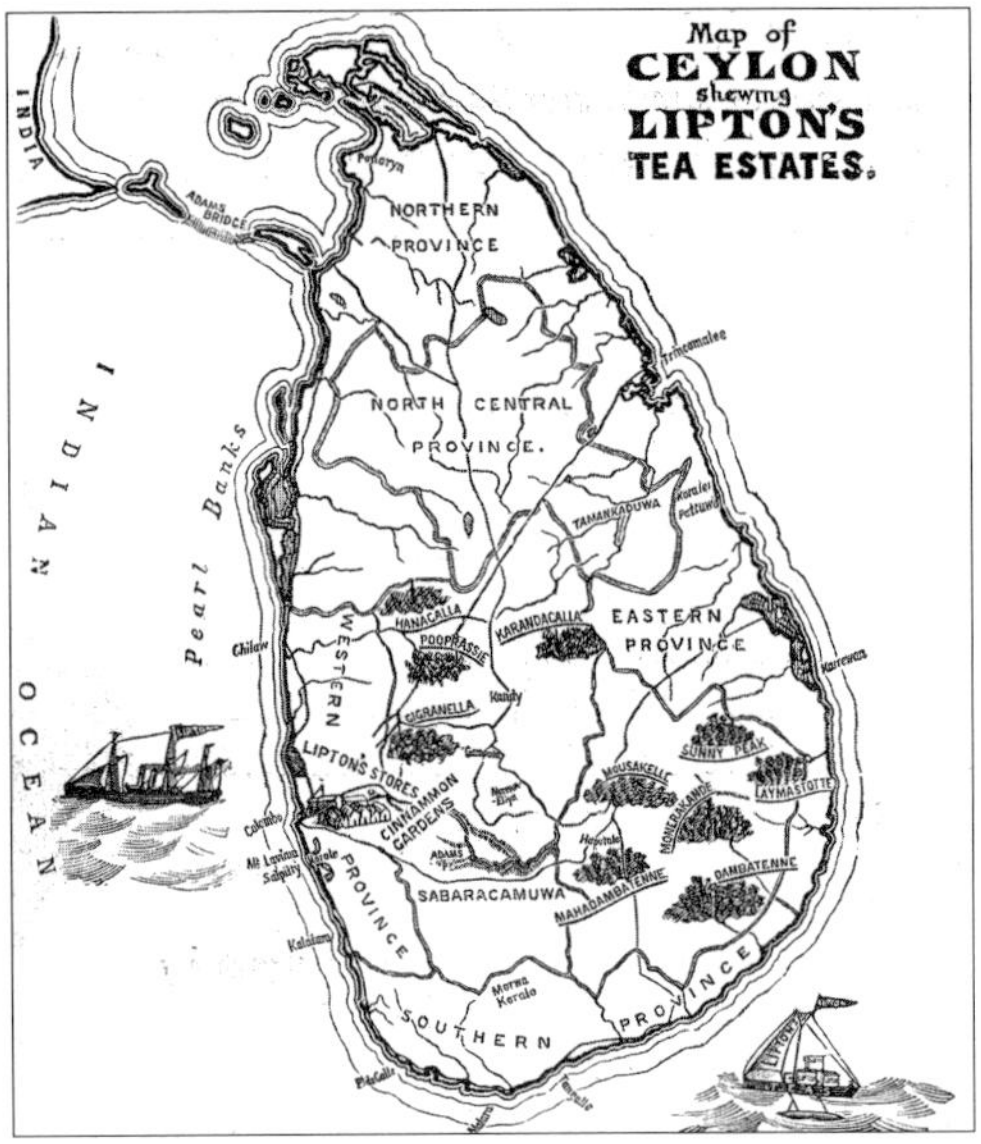

リプトン社が所有していたセイロンの茶園の場所を記した広告。最初に購入したダンバテンを含む10の茶園が紹介されています。（The Sketch 1896年2月12日）

セイロンでの茶摘み風景。リプトン社はお茶といえば「中国」という人びとのイメージを払拭しました。（1920年代）

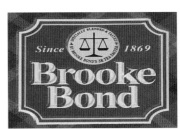

ブルックボンド社の、天秤のロゴマーク。

リプトン社のロゴが入った袋が、ロープウェイを利用して運ばれています。中には生葉が入っています。（1909年版）

プロのティーテイスティング風景。たくさんのサンプルを試飲し、ブレンドに必要な原料茶の買いつけをします。(The Tea Commerce of New York 1883年版)

置き、不正がないことを証明しました。

この天秤はブルックボンド社のロゴマークにも採用されました。これらの試みは一部の紅茶通からは歓迎されませんでしたが、多くの大衆からは品質、価格面で評価され、「新しい時代の紅茶の売り方」として定着していきました。

一八七一年に創業したリプトン社も、紅茶業界に新しい風を吹き込みました。リプトン社は一八九〇年からセイロンの茶園を複数経営するようになり「茶園から直接ティーポットへ」のスローガンのもと、仲介業者を通さない産地直送の紅茶を英国で販売しはじめました。リプトン社はコロンボに現地本部を設置し、安い人件費でブレンドと個包装をしてから世界中に紅茶を輸出することで、大幅なコストカットを実現しました。

リプトン社の紅茶はとても安く売られていたため紅茶業界からは、異端《いたん》として扱われ「リプトン社の紅茶はまずいから安い」との誹謗中傷《ひぼうちゅうしょう》も多く受けました。リプトン社は所有茶園の紅茶の品質を証明するため、一八九一年八月二五日、ロンドンのティーオークションに茶葉を出品。ダンバテン茶園で作られた紅茶は、一ポンド三六ポンド一五シリングという史上最高値で落札されました。ダンバテン茶園がリプトン社の経営茶園だと知った茶商たちの驚きは大きく、以来リプトン社は紅茶業界で一目置かれる存在となりました。

スコットランドはイングランドに比べて水質の軟らかい地域が多いため「ソフトウォーター(軟水)用」のブレンドがスーパーなどで販売されています。

リプトン社は紅茶を売るだけでなく、斬新なアイデアと投資で、茶産地での問題も解決していきます。リプトン社の工場では生葉の摘みとり以外、大部分の製茶工程を機械化しました。その結果、効率よく、安い紅茶を安定した品質で作ることができるようになり、かつ衛生面も向上しました。さらに茶摘み労働者の事故原因となっていた問題も解決します。茶摘み労働者は通常摘んだ生葉を背中のカゴの中に入れ、重さが一〇キロほどになると、集積所まで徒歩で運んでいました。しかし茶園内は急な斜面や足元の悪い場所も多く、運搬中の事故が多発していました。そこでリプトン社は山の上から工場までロープウェイを設け、安全にしかも速く、生葉を運ぶ方法を確立しま

『週刊新聞』の夏の特集号に登場したマザワッテ社の広告には、水辺でティータイムを楽しむ恋人同士が描かれています。（The Illustrated London News Summer Number 1894年）

マザワッテ社の人気紅茶缶のイラストは実在の人物をモデルに描かれました。祖母役は靴屋の女将さん、孫役は隣に住んでいた少女がモデルです。ほのぼのした雰囲気の２人のこのイラストは、マザワッテ社の紅茶を「おばあちゃんの茶」「家族の茶」としてイメージづけました。（Mazawatteeの紅茶缶／1890年代）

マザワッテ社のクリスマスハンパーの中には、セイロンティーや子ども用の茶道具が入っています。（The Illustrated London News 1893年12月23日）

マザワッテ社のセイロンティーで紅茶占いを楽しむ婦人たち。（The Illustrated London News 1894年1月6日）

した。ロープウェイはその後、多くの茶園に導入されました。

　また、多くの支店をもっていたリプトン社は「土地の水質によって紅茶の香りや味、コクに違いが出る」ことに早くから気づき、それぞれの支店の水に合わせたブレンドを心がけるようになります。ヨーロッパ大陸やアメリカに進出しはじめた時も、各地から水を取り寄せてブレンドの研究をしたそうです。リプトン社の本社会議では、各支店長がそれぞれの町の水を樽に詰めて持参したとか。

　水に合わせたブレンドの研究は、ほかの紅茶会社にも広がり、紅茶のブレンドには「水」の質を考え合わせることが定着します。ある紅茶会社の資料には、「ヨークシャーのような硬水の地域では深く煎じた茶が合い、プリマスの軟水には花のような香りのする若い葉が必要」と書かれています。

　上流階級の口コミで支えられてきた老舗《しにせ》の紅茶会社は、積極的な広告宣伝を控えてきましたが、ブルックボンド社やリプトン社は、大衆に向けた宣伝広告を連日のように新聞に載せ、新規顧客の開拓を進めました。宣伝広告で評価された会社のひとつに、一八八六年に商標を取ったマザワッテ社があります。

マザワッテ社の「マザ」はインドのヒンドゥー語で甘美をさし、「ワッテ」はセイロンのシンハラ語の「庭」に由来しています。インド、セイロンの茶を扱う新進の会社としてスタートしたマザワッテ社は、流行していたピクニックティー、紅茶占い、クリスマスギフトなどの習慣を、巧みに広告宣伝にいかしました。

また、ロンドンの主要駅のプラットフォームに広告を出し、多くの人に認知されていきました。一八九三年七月、ヴィクトリア女王はのちのジョージ五世（一八六五～一九三六）とメアリ・オブ・テック妃（一八六七～一九五三）の結婚祝いに、マザワッテ社の紅茶をプレゼントしました。その年のクリスマス、マザワッテ社は幸せな家族像を描いた広告を新聞に出し、売り上げを伸ばしました。マザワッテ社はカレンダー、日記帳、地図や辞書など、消費者が喜びそうな販促品も次々に生み出し、つねに人びとの注目を集めました。このような新進の紅茶会社の活躍によって、紅茶は労働者階級の生活にもより深く浸透していきました。

労働者階級で広まったハイティー

一九世紀後半、スコットランドや北イ

労働者階級のハイティー。テーブルの上には、大きなパンとバター、大ぶりの茶器があります。（Robert Morley／The Illustrated London News 1896年11月28日）

結婚祝いの食事風景。男性はビール、女性は紅茶を思い思いに楽しんでいます。
（ E. Grützner ／The Pictorial World 1874年9月26日）

ングランドの労働者階級の一部や農村で広まった習慣に「ハイティー」があります。労働者たちは帰宅してすぐ、空腹を満たすため、ダイニングキッチンで「軽い夕食」として、たっぷりの紅茶とパンをとりました。ハイバックチェア（高い背もたれのある椅子）に座って食べたため、この習慣は「ハイティー」と呼ばれるようになったといわれていますが、この名称の由来には、複数の説があります。上流階級のアフタヌーンティーで使用されるローテーブルに対し、ダイニングテーブルが高かったから「ハイティー」になった、はたまた、ハイティーで出されるティーフードが高カロリーだったから「ハイティー」と呼ぶようになったなど。しかしどれが正しい説かはわかっていません。

『ビートンの家政本』に掲載されている、10名用のハイティーのテーブルセッティングの例。(Mrs. Beeton's Book of Household Management 1861年／1893年版)

　ちなみにハイティーは中産階級の家庭でも日曜日の夕食として取り入れられました。『ビートンの家政本』のなかには「ハイティーでは肉が重要な役割を担い、このティータイムは、ティーディナーと位置づけるべきである」と書かれています。また、ハイティーの代表的なメニューとして冷製サーモン、鳩肉、仔牛肉、果物、ケーキなど、当時の中産階級のご馳走が記されています。しかしこれはあくまでも中産階級の感覚であり、労働者にしてみれば温かい紅茶とパンだけでも充分な夕食だったのではないでしょうか。

　一八八八年に開催されたグラスゴー国際博覧会では、会場内のレストランに「ハイティー」のメニューが登場し、紅茶とウェルシュ・レアビット（チーズトースト）が提供されました。

スリランカに残る英国紅茶文化

一九四八年に独立したスリランカには、英国統治時代と変わらず今でもたくさんの紅茶農園があります。紅茶農園の風景や、紅茶の製造工場を見学しに、毎年多くの紅茶愛好家がスリランカを訪れています。そんな観光客の楽しみは、スリランカに残る「英国紅茶文化」にふれることにもあります。ジェームズ・テーラーの居住地跡や、お墓、当時使用されていた製茶器具を展示した「セイロン紅茶博物館」も注目を浴びています。

トーマス・リプトンが最初に所持したダンバテン茶園近くには、リプトン卿が気に入っていた絶景を眺められる「リプトン・シート」も残されています。多くの紅茶農園主が集まったクラブハウス「ヒルクラブ」は、アフタヌーンティーを楽しめる人気スポットになっています。スリランカの豊かな自然と、そのなかに今でも深く根づく英国文化は、多くの紅茶好きを魅了しています。

ルーラコンデラのテーラーの居住地跡。

セイロン紅茶博物館。最上階にはティールームもあり、紅茶が楽しめます。

リプトン・シートから眺める絶景。トーマスもこの風景を見ていたのでしょうか。

ピクニックを楽しむ伝統的なルール

英国にはピクニックをより楽しむために大切にされている伝統ルールがあります。そのいくつかをご紹介します。「ピクニックは社交であること」「気候をいかして楽しむこと」「料理は手軽でかつおいしいことが大切」「煮炊きをしてはならない、しかし、お茶の湯だけは例外とされる」「ピクニックは生活様式の表出であるため、道具にはこだわること」「ラグに上がり込むのではなく、ラグを囲んで座ること」「ピクニック中のハプニングも楽しむこと」。

英国ではピクニックは気軽な集まりとされました。持ち寄りが原則で、食品はピクニックハンパーと呼ばれるバスケットに詰めて運ぶのが基本です。ピクニックフードで人気なのは、パン、ハム、チキン、ポークやキジ肉のパイ、チーズ、サラダ、フルーツ、フルーツケーキなど。野外での食事は、室内以上に人目を気にしなくてはいけないため、食器はもちろん陶磁器を使用しました。そのためハンパーには、食器を固定するホールディングがつけられました。それにしても、煮炊きは禁止でも紅茶を淹れることだけは問題ないというのも、いかにも英国的です。ピクニックは自然のなかで社交を楽しむもの。みなさんもぜひおいしい紅茶を持ってピクニックに出かけてみてください。

いちご狩りを楽しんだあとのティータイム。紅茶のためならば煮炊きも許されました。(1901年版)

ハンパーには、グラスや皿、ティーカップがセットされています。フォートナム＆メイソン、1992年のクリスマスパンフレットより。

紅茶会社の宣伝にも活用された紅茶占い

ヴィクトリア朝後期、ティーカップの中に最後に残った茶殻で運勢を占う「紅茶占い」が、とくに女性たちの間で大流行し、紅茶占いを専門とするロマ民族の占い師も人気を呼びます。紅茶会社はこの占いが紅茶の売り上げアップにつながるとして、紅茶占いの普及に力を注ぎました。自社の宣伝に紅茶占いのシーンを取り上げたり、紅茶占いのマニュアル本を発行したり、紅茶のおまけに占い結果の例を記載したカードを配布する会社もありました。当時の資料から紅茶占いの方法をご紹介しましょう。

まず、ティーカップに茶漉しを使わず紅茶を注ぎ（茶殻がカップに入っても構いません）、占ってほしい事柄を思い浮かべながら紅茶をいただきます。その際、カップの底に一口分の紅茶液を残します。ティーカップを左回しに三回転させてから、ソーサーの上に裏返しに置き、カップの底を軽く叩いて、残った水分を落とします。しばらくしたらティーカップを起こし、カップ内に残った茶殻の形で占います。カップの右側、そしてカップの縁に近い茶殻は「未来」を、カップの左側および底に近い茶殻は「過去」を表します。

モチーフの解釈は、英国人が信仰や迷信、生活のなかで培《つちか》ってきた物に対するイメージで行われました。童話のなかで人間と親しい存在として描かれることの多い「犬」は〝信頼〟や〝親友〟を、反対に人を騙《だま》す存在として描かれることの多い「キツネ」は〝裏切り〟と解釈されました。「天使」はよい知らせ、「王冠」は成功、「ハート」は愛、「指輪」は結婚、「銃」は攻撃、「ネズミ」は泥棒などです。この解釈は住んでいる地域や年齢によっても若干の違いが生じました。そのため紅茶占いの判定には、マニュアル本に載っているモチーフの解釈だけに頼るのではなく、年長者の豊かな人生経験もおおいに参考にされました。

リプトン社も紅茶占いのマニュアル本を発行しました。（Liptonのノベルティ／1934年）

紅茶占いをテーマにしたカードゲームも人気になりました。（British Manufacture／1930年代）

祖母と娘、孫の3世代で紅茶占いを楽しんでいます。（Charles Simpsonの広告／1892年）

占いの結果を待つ、娘の深刻な表情に、紅茶占いへの傾倒がうかがわれます。（Harper's Bazar 1890年10月25日）

労働者階級が作り上げたリプトン紅茶会社

リプトン紅茶会社の原点は、労働者階級出身のトーマス・リプトン（一八五〇～一九三一）が一八七一年、グラスゴーに開いた食料品店でした。食料品店を経営するアイルランド難民の息子として生まれたトーマスは、一五歳で単身アメリカに渡り、商売の基礎を学び帰国します。アメリカ仕込みの積極的な商売を父の食料品店で試みますが、保守的な父親には受け入れられず、一八七一年に独立しました。

トーマスの口癖《くちぐせ》は「宣伝のチャンスは決して逃すな、ただし、その商品の品質が優れていることがその条件である」でした。「商売の資本は体と広告」をモットーに、彼は店のいっさいをひとりで切り盛りし、朝早くから夜遅くまで働きました。店は繁盛し、支店の数は約三〇〇店に拡大していきます。一八八九年からは紅茶の販売も手がけます。最初は茶葉をロンドンの仲介業者から購入していましたが、母親から厳しく教えられたとおり「農産物は生産者から直接買う」ことを実践するため、翌年銀行家の勧めもありセイロン島に出向き、茶園を視察。茶園を次々に買い取って、オーナーになりました。

一八九二年の広告に記載された「茶園からティーポットへ」の謳い文句はリプトン社のスローガンになりました。茶は中国が生産地というイメージが強かった英国で、トーマスはセイロン島の人びとをパッケージに描くことで紅茶の新時代を消費者に伝えました。「世界のティーポットをリプトン社が満たす」というタイトルで、地球儀をモチーフに描かせた広告も人びとをあっと言わせました。

残念ながらトーマス亡き後、会社はアメリカのユニリーバ社に買収されましたが、彼の夢は今も引き継がれています。

「FROM THE TEA GARDENS TO THE TEA POT」"茶園からティーポットへ"のスローガンが打ち出されています。（Liptonの広告／The Illustrated London News 1894年2月17日）

トーマスの趣味はヨットでした。彼はしばしば船上でのティータイムを楽しみました。（Liptonの広告／1938年）

広告塔になったトーマス・リプトン

リプトン社は創設者であるトーマスが独力で拡大した店なので、店のイメージ＝トーマスのイメージでもありました。そのため、トーマス自らが広告塔になりました。トーマスがヴィクトリア女王から「サー」の称号をもらった時には、広告にサー・トーマス・リプトンの名前を使って、売り上げに貢献しました。

リプトン社が最初に経営したダンバテン茶園

1890年にリプトン社が最初に所有したのが、セイロン・ウバ地区にあるダンバテン茶園。この茶園での製茶工程をシリーズ化したポストカードは、紅茶の購入者におまけとして配られたそうです。

慈善活動家でもあったトーマス

慈善活動にも熱心だったトーマスは、教会や養護院のイベントに無償で紅茶を提供しました。彼の遺産はすべて故郷グラスゴー市に寄付され、子どもたちの教育資金や病院の運営に使われました。

貧困層の老人1200人を招いたチャリティーパーティー。大きな缶に入れられた紅茶が運ばれています。(The Illustrated London News 1888年2月4日)

アメリカでも大人気に

1893年、アメリカのシカゴ万国博覧会で大々的に紅茶を紹介したリプトン社は、アメリカ支社をボストンに置きました。保守的な英国社会と異なり、身一つで財産を築いたトーマスはアメリカで熱狂的に支持され、1924年にはアメリカの週刊雑誌『タイム』の表紙を飾りました。

『タイム』の表紙を飾ることは、当時も今も大変名誉なことです。(TIME 1924年11月3日)

「サー・トーマス・リプトン」と名づけられた新種の薔薇は、1904年にデビューしました。(The Conard & Jones Companyの広告/1904年)

シカゴ万博、パリ万博、セントルイス万博、サンフランシスコ万博において、リプトン社は金賞を受賞しました。(Liptonの広告/Collier's, The National Weekly 1938年)

サー・トーマス・リプトンという名の薔薇

人びとはトーマスの多大な功績を称え、トーマスの名前を薔薇につけました。白い薔薇は、彼の愛したヨットの帆をイメージしているそうです。

第7章 ティールームの発展と世界大戦

ヴィクトリア朝後期。女性の社会進出も進み、より活動的になった人びとのために、街にはティールームが現れます。大量生産時代に向け、アフリカでの紅茶栽培も開始されます。第一次世界大戦の爪痕《つめあと》は、英国の紅茶販売にも大きな変化をもたらしました。

ティールームの誕生

ロンドンで最初にティールームを開いたのは「エアレイテッド・ブレッド・カンパニー（エアレイテッド・ブレッドは、無酵母の炭酸でふくらませたパンという意味）」というパン屋でした。店名の頭文字をとり「ABC《エービーシー》」の愛称で親しまれたこの店は、開店当初から複数のチェーン店を展開しました。

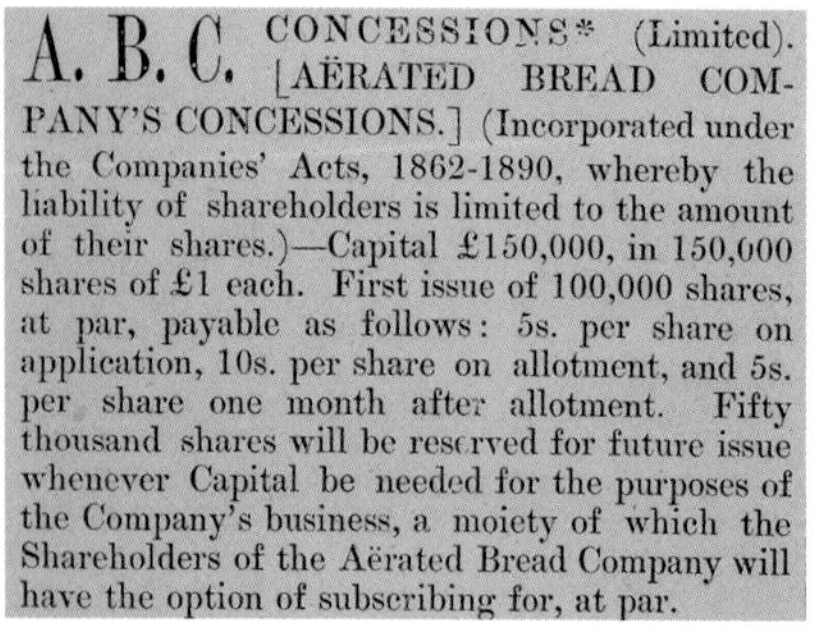
A. B. C. CONCESSIONS* (Limited). [AËRATED BREAD COMPANY'S CONCESSIONS.] (Incorporated under the Companies' Acts, 1862-1890, whereby the liability of shareholders is limited to the amount of their shares.)—Capital £150,000, in 150,000 shares of £1 each. First issue of 100,000 shares, at par, payable as follows: 5s. per share on application, 10s. per share on allotment, and 5s. per share one month after allotment. Fifty thousand shares will be reserved for future issue whenever Capital be needed for the purposes of the Company's business, a moiety of which the Shareholders of the Aërated Bread Company will have the option of subscribing for, at par.

新聞に取り上げられたABCの株式の話題。支店が増えていることが一面記事でうかがえます。（The Sketch 1893年8月2日）

フェンチャーチ・ストリート駅の店舗では、年配の親切な女性支配人が、自分のために淹れたティーポットのお茶を、なじみの客に時々、店の奥の従業員スペースでおすそ分けをしていました。一杯の紅茶でも常連客がとても喜んでくれるのを知った女性支配人は、紅茶のサービスを店の事業のひとつにしてみてはどうかと会社に提案。

重役会は紅茶のサービスが事業になるか実験的に試してみることにし、一八六四年フェンチャーチ・ストリートの店舗を改装し、店の奥にパンと紅茶のイートインスペースを作りました。

この試みは多くの客から支持され、ABCは一八八四年、オックスフォードサーカスに近代的なティールームをオープンさせました。女性がひとりで出歩くことがまだ難しかったヴィクトリア朝後期、この店は男性のエスコートがなくても女性が利用できる店として人気を集めました。

ABCでの紅茶の値段は、カップ一杯二ペンス、ポット一杯三ペンス。ポットにはふたり分の紅茶がたっぷり入っていました。ABCは駅に隣接している店舗が多かったため、待ち合わせ場所にも利用されました。ABCは一九二三年にはロンドン市内に一五〇店舗をもつまでにティールーム事業を拡大しました。

一八七五年、グラスゴーにもティール

ームがオープンしました。創業者のスチュアート・クランストン（一八四八～一九二二）は親戚が絶対禁酒の運動にかかわっていたことから、パブではなく、ノンアルコールの紅茶とパンやケーキが食べられるような店が今後必要になると考えたのです。一八七八年、妹のケイト（一八四九～一九三四）も自分のティールームを開業しました。店舗は複数に増えましたが、なかでも一九〇三年にオープンした「ウィロー・ティールーム」は新進の建築家チャールズ・レニー・マッキントッシュ（一八六八～一九二八）が、内装をはじめ、家具、ウェイトレスの制服のデザインまでを手がけ話題を呼びました。

ケイトの店は「新芸術《アール・ヌーボー》」の空間となり、のちに流行する「デザイナーズティールーム」の先駆けとなりました。

さらに一八九四年にロンドンのピカデリーにライオンズ社がティールームを開き、話題になります。ライオンズ社はABCの最大のライバルとなりました。ライオンズ社の創業者一族は葉巻事業で財をなし、葉巻の宣伝販売で英国中を旅するなかで、軽食とノンアルコールの飲み物で一休みできる休憩所がないことに不便を感じていました。一八五一年以降、定期的に開催されるようになった博覧会の会場に葉巻の売店を開いた際も、休憩場所が会場内の簡易的なレストランか、外のパブにしかないことに不満を感じていたこともあって、ティールーム事業への参入を検討するのです。

ライオンズ社はまず手始めに、ヴィクトリア女王即位五〇周年祝賀博覧会の臨時レストランの経営権を手に入れ、それを機にティールームの開設に踏み切ります。ライオンズ社は葉巻ビジネスで培った経営能力をいかし、その後ティールームを増設していきます。

ライオンズ社が顧客対象としたのは、社会進出を始めたばかりの女性でした。店内を清潔に保つことを徹底し、各店舗の内装を女性に好まれる豪華な雰囲気（大理石のテーブルトップ、赤いビロード調で覆われた椅子、ラインの入ったモダンな壁紙など）に統一しました。また、紅茶を一ポット二ペンスと、大衆が利用しやすいよう、ほかのティールームより安く設定。

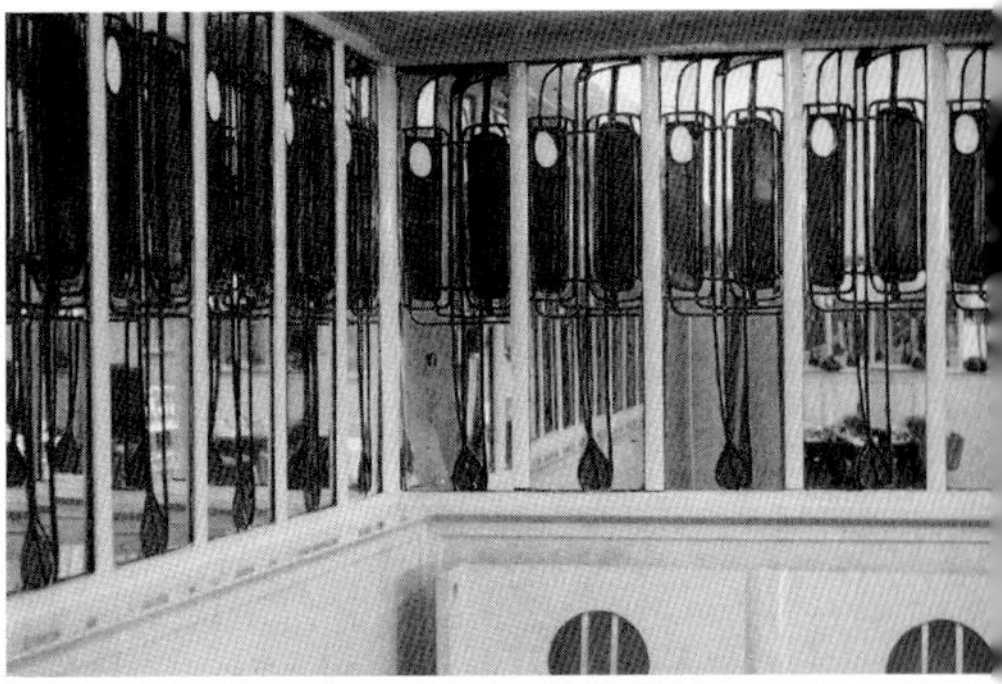

ウィロー・ティールームの斬新な店内は、現在でもグラスゴー市の観光名所になっています。（1910年版）

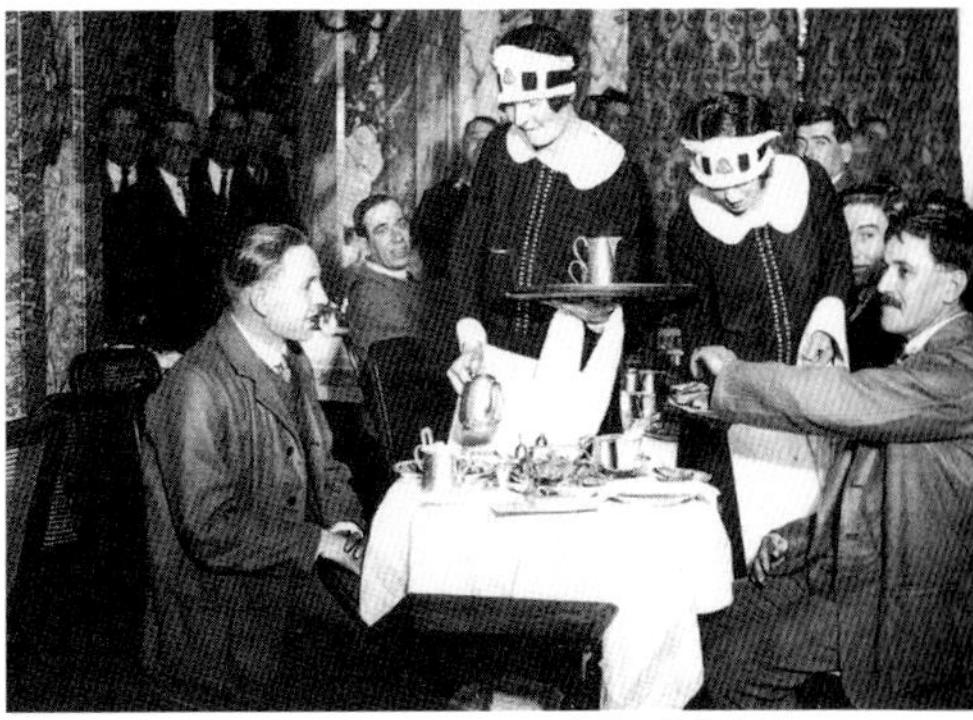

1926年のライオンズ・ティールームの店内。名物店員ニッピーも写っています。（1926年版）

ライオンズ社はオリジナルのブレンドティーも販売していました。写真は、1930年代の看板と紅茶缶の復刻版です。

1924年のハロッズの店舗。今も変わらぬ外観です。（J.L. Chapman 1924年／1932年版）

ベティーズ・カフェ・ティールームの店内をモデルにしたオリジナル紅茶缶。（2013年）

ザ・ジョージアン・レストランの様子。女性たちが紅茶を楽しんでいます。（1960年代）

ティールームは新しい女性の社交の場として賑わいました。（Punch, or The London Charivari 1908年9月16日）

さらにホール内で働くウェイトレスの存在も人気の大きな要因でした。このウェイトレスは「活発」「活動的」を意味する、当時の女性の社会進出を表す流行語「ニッピー」の愛称で呼ばれました。ニッピーたちはヴィクトリア朝の大きな屋敷で働く使用人のイメージを脱却するかのように、フリルのない、スタイリッシュなユニフォームを身につけ、きびきびと店内を動き回りました。ライオンズ・ティールームで働くことは、若い女性の憧れになりました。

大衆広告で売り上げを伸ばしていたマザワッテ社も一九〇六年に、ほかの会社の成功例を受けて、ティールームを開設します。同社は第二次世界大戦までに、支店を一六〇にまで増やしました。

一九一九年には、スイス人の菓子職人がヨークシャーに「ベティーズ・カフェ・ティールーム」をオープンします。クオリティー管理を徹底するため、ヨークシャー以外には支店を出さないというポリシーで運営されたベティーズには、地元の人だけでなく、ほかの地域からもわざわざ足を運ぶ人びとも多く、人気店になりました。このようなティールームのオープンは、女性の外出を促しました。

ロンドンのデパートは、一八八〇年代

皇太子時代のエドワード七世と皇太子妃アレクサンドラ主宰のチャリティーパーティーの様子。（The Illustrated London News 1885年1月17日）

パシフィック鉄道の１等客室用の食堂車でのティーサービス。列車内の内装も見事です。（Harper's Weekly 1869年3月29日）

から買い物客が昼食時などに外のティールームに出て行ってしまうのを防ぐために、店内にティールームをオープンさせました。人気デパート「ハロッズ」も一九一一年に「ザ・ジョージアン・レストラン」を開設し、店内でアフタヌーンティーを提供しました。

　ライオンズ社はその後、ティールームだけではなくレストラン経営にも乗り出します。第一次世界大戦中には、経営していたレストラン「トロカデロ」で「コンサートティー」という催しを開き、人びとに癒やしのひとときを提供しました。さらに、出張ティールームなどのイベント分野にも事業を拡大していきました。

紅茶を楽しめる場所が広がっていく

　この時代、王室の社交やチャリティー活動の一環で、ガーデンティーパーティーが流行していました。とくにエドワード七世（一八四一〜一九一〇）の妻アレクサンドラ（一八四四〜一九二五）は、皇太子妃の時代からチャリティー活動に熱心でした。一八九七年、義母・ヴィクトリア女王の即位六〇周年祝賀の際、アレクサンドラ皇太子妃は貧民を対象に「ロイヤルディナー」を計画します。この時、ディナーの資金の大部分を寄付したのはリプトン社でした。

　アレクサンドラは夫エドワード七世が即位した一九〇一年にも「クィーンズティー」の名でガーデンティーパーティーを数回にわたって開きました。この茶会の主賓は、のべ一万人を超える女性使用人でした。このティーパーティーは女性使用人の地位向上に貢献しました。

　エドワード七世は一九〇二年、紅茶の普及に尽力しチャリティー活動にも熱心であったリプトン社に対して御用達《ごようたし》を、社長トーマス・リプトンに対しては準男爵の爵位を与えました。そんなリプトン社に続き、ライオンズ社もエドワード七世の御用達を獲得し、バッキンガム宮殿のガーデンティーパーティーでサービスを請け負いました。ライオンズ社は大規模な出張ティーパーティーを得意とし、同社の記録によると、一九二一年にデイリー・

メール社の茶会で七〇〇〇人の客人に、一九二五年に開かれたフリー・メイソンの茶会では八〇〇〇人の客人に、軽食と紅茶のサービスを行ったそうです。

紅茶を楽しむ場所は、乗り物の中にも生まれました。一八六〇年代から、ロンドン発着の多くの長距離列車では、一等客室用の食堂車で、紅茶のサービスが行われるようになりました。要望があれば豪華なアフタヌーンティーのサービスも可能だったそうです。

一八六六年にはファリンドン駅のプラットフォームで「ティーワゴン」によるお茶の販売も始まります。各鉄道では、一般客向けにバスケットに入った紅茶の販売も開始。バスケットの中には、紅茶とお湯、ミルク、砂糖、バターつきのパン、スライスされたフルーツケーキ、果物が入っていました。このバスケットは使用後、客席の下や脇に置いておき、あとで駅員が回収することになっていました。全車両で紅茶のサービスを行ったのはグレートウエスタン鉄道が初めてで、一九〇三年のことです。船の中でも紅茶はサービスされました。客室や食堂はもちろん、甲板でも海風を受けながらの特別なティータイムを楽しむことができました。

アメリカで発展した紅茶文化

ティーバッグは、一八九六年に英国人のA・V・スミス（生没年不明）が考案したといわれています。それまでは紅茶を飲むたびにスプーンで計量していた茶葉を、あらかじめ一杯分に分けておくことで手間を省き、かつ包むことで茶殻の処理も楽になるという発想から生まれました。

当時のティーバッグは、ガーゼに一杯分の茶葉を量り、その四隅を集めて糸で縛った簡易なもので、その形から「ティーボウル」「ティーエッグ」と呼ばれました。しかしこのアイデアは、やっと紅茶が労働者階級にまで浸透したばかりの英国では評価されず、商品化にはいたりませんでした。ただ、英国銀器のなかに、エッグ状のスプーンの壁面に細かな穴を開け、紅茶液を浸出させる器具も残っているので、一部の愛好家の間では注目されていたのかもしれません。

ティーバッグの商品化は、一九〇四年

1935年に撮影された駅でのティータイム。ティーワゴンによる紅茶の販売が行われています。（1950年版）

海上でのアフタヌーンティー。船の上であっても銀のポットで優雅にお茶をしています。（Black & White 1905年8月12日）

頃、アメリカで始まりました。アメリカはボストンティーパーティー事件をきっかけに茶離れが進んでいましたが、英国との貿易が回復すると、再び喫茶を楽しむ人びとが出てきました。しかし、コーヒー文化の浸透が著しく、紅茶の消費量はコーヒーには及びませんでした。

ニューヨークの茶商トーマス・サリバン（生没年不明）は、紅茶のサンプルを小さな鉛の缶に入れて顧客に送っていました。これは当時、どの会社もとっていた方法でした。しかしサンプルの数が大量になると缶自体のコストが高く、かつ重さもあるため輸送費用の負担も大きくなります。サリバンは経費を削減するために、サンプル用の茶葉を絹の小袋に入れて顧客に送ることにしました。しかし顧客のなかには、絹の小袋から一定量の茶葉を取り出して、テイスティング専用の容器の中に入れ、お湯で抽出してから味見をする……という紅茶の鑑定方法を知らずに、絹の袋の上からいきなり熱湯を注ぎ「お茶の出が悪い」とクレームをつけるところもありました。彼の得意先はレストランやホテルが多く、茶の専門家が常駐している場所ではなかったため、きちんとしたお茶の知識が不足していたのです。顧客へのクレーム対応のため、サリバンはお茶の出をよくしようと小袋の素材を絹の布からガーゼ（当時のガーゼは綿ではなく絹で作られるのが一般的でした）に変えたところ、「抽出がよくなった」と大好評。さらに「ガーゼの袋を売ってくれ」という、予想もしなかった注文まで舞い込んできます。レストランやホテルのように効率が重視される場では、このような袋入りの茶は扱いが簡単なので歓迎されるのだと感じたサリバンは、これを商品化することを思いつきます。

一九二〇年代、サリバンのティーバッグは商業生産され、多くのホテルやレストランに納品されるようになりました。一杯分の茶葉が入った一人用のもの、二杯分の茶葉が入ったポット用のものの二種類が流通しました。当時は業務用の需要が全体の八割でしたが、ティーバッグはその便利さと機能性が家庭でも認められ、急速にアメリカ国内に浸透。一九五

ガーゼを巾着にした「ティーボウル」が宣伝されています。（Tao Teaの広告／The Ladys, Home Journal 1926年2月）

穴の開いたスプーンの先に紅茶をつめ、蓋を閉じて使用します。（英国製／1892年）

紅茶の見本を入れていたサンプル缶。（Twinings／1910年代）

リプトン社のティーバッグ商品。缶の中にティーバッグが10個入っていました。（Lipton／1920年代）

セントルイス万博で使用されたアルミのティーカップ。万博の年とロゴが刻まれています。試飲用なのか、小さめに作られているのも興味深いところです。リチャード・ブレチンデンも使用したのでしょうか？（1904年）

レモンと砂糖を入れたアイスティーはアメリカの国民的飲料となりました。（Take Tea and Seeの広告／1951年）

〇年には、ついに家庭用が八割と逆転し、アメリカ全体の紅茶消費量の七割を補うほどになりました。

アメリカのジャーナリスト、ウィリアム・ハリソン・ユーカース（一八七三〜一九四五）は一九三五年に著した『オール・アバウト・ティー』で、当時のティーバッグについて「ティーバッグないしティーボウルは、アメリカの家庭だけでなく、料理人や給仕人の間にも紅茶を普及させるのに大きな役割を果たしている。彼らはティーバッグで淹れる紅茶は、簡単でかつ仕上げた味がいつも安定していると評価している」と、記述しています。

ユーカースは、茶の研究の大家で、当時インド、セイロン、ジャワ、中国、日本などの茶産地を実際に訪れ、英国やアメリカの茶の資料を蒐集し、一〇〇〇頁をも超える『オール・アバウト・ティー』を書き上げ、英国でも評価されました。

しかし元来保守的な考えをもつ英国人は、紅茶の淹れ方を根本的に変えることに慎重でした。英国でのティーバッグ販売は、戦時下に資源不足が訪れた第二次世界大戦後まで、もち越されるのです。

また、一九〇四年には、アメリカのミズーリ州で開かれた「セントルイス万国博覧会」でアイスティーも世界デビューしました。真夏の万博で紅茶の試飲を担当していた英国人のリチャード・ブレチンデン（生没年不明）は熱い紅茶に見向きもしないアメリカ人に対し、紅茶の容器に氷を浮かべて「アイスティー」として売ってみたところ、大当たりします。

一九二〇〜三三年まで続いた禁酒法によってアルコールが排除されたことも、アイスティーの普及に貢献しました。こうしてアイスティーはアメリカの紅茶の飲み方の七割を占めるようになります。この冷たい紅茶も、当時の英国人には見向きもされませんでしたが、現在は英国でも普及しています。

アフリカでの茶栽培

二〇世紀に入ると、インド、セイロンで開拓当時から茶業に従事してきた英国人の多くが、後進《こうしん》に道を譲る時期がやってきます。そうした退職技術者などが、熟練技術を活用する新天地として着目したのが東アフリカでした。茶栽培に生涯をかけ、そしてまだまだ開拓意欲の衰えていなかった技術者たちは充分な科学調査ののち、一九〇三年にケニアでアッサム種の栽培実験を試みました。その成功により、一九二四年以降、ケニアで本格的に紅茶栽培が始まります。その波は、ウガンダ、マラウイにも広がっていきます。

これらの産地は、新たな茶の形態「ティーバッグ」に適した茶葉を作ることを期待されました。そのため中国由来の伝統的な製茶方法である「オーソドックス製法」とは異なる、「アン・オーソドックス製法」と呼ばれる「CTC《シーティーシー》」機を用いた製法が開発されました。CRUSH《クラッシュ》（押しつぶす）、TEAR《ティア》（引き裂く）、

ケニアに広がる広大な茶畑。

細かい突起がたくさんついているCTC機のローラー。

CURL《カール》（丸める）の頭文字をとって「CTC」と名づけられたこの製法は、一九三〇年代にウィリアム・マックカーチャー（生没年不明）により考案されました。二本の異なる速度で回転するローラーの間に茶葉を巻き込み、押しつぶして引き裂き、丸めて一〜二ミリの粒状にします。CTC機による製法は、完全に発酵した茶汁が茶の繊維についた状態で乾燥されるので、茶葉に熱湯をかけるとすぐに成分が溶け出して、濃厚な紅茶が簡単にできます。つまり、ティーバッグ用の茶葉製造に適しているというわけです。

CTC製法とオーソドックス製法との決定的な差は「香り」にありましたが、元来ミルクティーで紅茶を飲むことの多い英国人にとって、紅茶の香りは味やコクに比べると優先度が低かったため、CTC製法の紅茶は色の濃さとコクがミルクティー向きだと評価され、歓迎されました。

ティーダンスの流行

この時代、英国とアメリカの双方で普及した新しい紅茶の楽しみ方が、高級ホテルのラウンジでのアフタヌーンティーでした。生演奏をバックに、いつもより豪華なティーフードとともにおしゃべりを楽しむアフタヌーンティーは、まずは英国の女性たちの間で大流行します。

一九一三年、ホテルでのアフタヌーンティーの娯楽として衝撃的なデビューを飾ったのが、南米のアルゼンチンから紹介されたダンス、タンゴでした。エキゾチックで官能的なタンゴは、これまでの上品な茶会に新風を吹き込みました。この

Column

茶はツバキの仲間！

茶（カメリア・シネンシス）は、ツバキ科ツバキ属の常緑樹です。チャの木、あるいは茶樹とも記されます。もともとの学名は、植物の分類体系と種の概念を確立させたスウェーデンの博物学者・生物学者・植物学者カール・フォン・リンネ（1707〜1778）の著書『植物の種』（1735年発表）で、「テア・シネンシス」と命名されたものです。リンネは緑茶を「テア・ボヘア」、紅茶を「テア・ヴィリディス」と分類しました。しかしその後、さまざまな専門家が書いた本では、その属がCamellia（ツバキ属）となったり、Thea（チャ属）となったりと、一定しませんでした。

現在の学名である「カメリア・シネンシス」を命名したのは、ドイツの植物学者オートゥ・クンツェ（1843〜1907）で、1887年のことでした。命名者の名前が学名のあとにつき、「カメリア・シネンシス（L）O.クンツェ」と表記される場合もあります。

ツバキ科ではありますが、その属名については、チャ属とするかツバキ属に含めるかで、長年、議論がなされてきました。1930年代、世界植物学会議で、両属をひとつの属にまとめる場合は「ツバキ属」とすることが決定しました。

（上）：カール・フォン・リンネの肖像画。動植物の研究者が集まる「ロンドン・リンネ協会」には、日本の明仁上皇も会員になっています。（Roclin／1911年版）
（下）：中国種を描いた作品です。（Franz Eugen Köhler／1883年版）

普段庭でしているように、ホテルの室内でも残った紅茶を捨ててしまったご婦人。3段スタンドも描かれています。（Punch, or The London Charivari 1924年9月3日 ）

現在でもティーダンス用のCDが販売されています。（Whittard／左1997年、右2005年）

ティーダンスの衣装は、当時流行していたアール・ヌーボー様式が人気でした。（The Illustrated London News Christmas Number 1941年）

ダンスはフランス語で「テ・ダンサン」、英語で「ティーダンス」と呼ばれるようになりました。ダンスホールではプロのダンサーによるデモンストレーションも行われ、タンゴを教えるスクールも登場します。上流階級を中心としたティーダンスクラブも登場し、なかには英国の王族が加盟するクラブもあったそうです。サボイホテル、リッツホテル、ロイヤルパレスホテルケンジントン、ウォルドルフホテルのティーダンスはとくに人気でした。

　ティーダンスの流行は、アメリカにも飛び火し、大きな話題を呼びます。アメリカ出身で、ロンドンでも活躍した女優リリアン・ラッセル（一八六〇〜一九二二）は、一九一四年二月一三日付けの『シカゴ・デイリー・トリビューン』紙に、「女性はブリッジ用テーブルに身を乗り出して賭け事に興じるよりも、ダンスをしながら午後をすごす方が何倍もいいわ。お友だちとテ・ダンサンを楽しんでから、仕事を終えた主人と待ち合わせをして一〜二曲一緒にダンスを踊るの。そうすると、今日も楽しくてご機嫌な一日だったねと仲よく家に帰れるのよ」と、ティーダンスについて語っています。

　第一次世界大戦中、英国政府はティーダンスの自粛を促しましたが、戦後再び解禁され、一九一九年五月にホワイトリーズデパートにオープンしたレストランもティーダンスを取り入れました。またこの年にオープンした「ハマースミス・パレ・デ・ダンスホール」は、二五〇〇人収容可能な大きな会場として話題を呼びました。ティーダンスは一九三〇年代まではさまざまなホテルで開催されましたが、第二次世界大戦が始まるとダンスホールは閉鎖されていきます。その後ティーダンスは個人宅での茶会や、ピクニックなどで小規模に楽しまれるようになりました。

　このように、ティールームでの気軽なお茶や、ホテルでのアフタヌーンティーが流行しても、人を招くことができる「家」を所持していた中産階級以上の人にとって、家庭内でのアフタヌーンティーは以前と変わらず大切にされていました。王室ではジョージ五世とメアリ王妃が、これまで午後四〜五時の間にスタートすることの多かったアフタヌーンティーを、「午後五時」に開始するというルールを作ります。王室の習慣にならい、上流階級、中産階級では「ファイブ・オクロックティー」の言葉が流行しました。

　室内を整えて、華やかなティーセットを用意し、客人が満足する紅茶やティーフードを準備し、気の利いた会話でもてなしをすることは、ホテルでお茶を楽しむ以上にゆとりがないとできないことだったのです。

アフタヌーンティーを楽しむ女性たちを描いた作品。「FIVE O'CLOCK TEA」のタイトルがついています。（Julius Le Blanc Stewart 1894年／1894年版）

ブルックボンド社の配達車「リトル・レッド・ヴァン」は、ミニカーとしても人気になりました。（1930年代）

紅茶運搬の変革

一九〇八年、ブルックボンド社は赤い幌のついた荷馬車を使って紅茶配達を開始しました。馬車には会社のロゴを入れたため、食料品店やティールームの前に荷馬車が停まっていると、この店ではブルックボンド社の紅茶を取り扱っているという宣伝にもなったそうです。荷馬車での紅茶販売は、リプトン社やマザワッテ社もすぐに取り入れ、ロンドンの街中には紅茶広告を掲げた荷馬車が頻繁《ひんぱん》に往来するようになります。

　第一次世界大戦前後には、ブルックボンド社はほかの会社に先駆け、荷馬車と並行して「トロージャン」と呼ばれる車種の車も利用するようになります。トロージャンの車体は荷馬車同様、真っ赤に塗られたため、車体の色から「リトル・レッド・ヴァン」と呼ばれました。当時の英国の主要都市には、ほとんどといっていいほど鉄道馬車専用のレールが敷いてありました。トロージャンは片手でガソリンを入れながら、片手でレバーを上げ下げする仕組みになっていたため、上手に運転するには熟練を要しました。運転を誤ると、トロージャンのタイヤが鉄道馬車のレールにはまってしまい、そのまま鉄道馬車の車庫まで走らされてしまうこともありました。

　ガソリンを切らして街中で立ち往生してしまうトロージャンもあり、運転手はガソリンタンクの底にわずかに残ったガソリンを使うために、手持ちの水筒の紅茶をガソリンタンクの中に入れました。紅茶の上にガソリンが浮きあがり、なんとかそのガソリンでトロージャンを走らせることができたそうです。

　トロージャンの騒々しいエンジンの音は、多くの食料品店の主人たちをいらだたせましたが、荷馬車で三日かかった仕事を一日に短縮できたため、紅茶の運搬スピードや配達時間の正確さは飛躍的に向上しました。

荷馬車から車へ。一九二〇年代、多くの会社が車で紅茶の運搬を開始しました。

1

2

3

4

当時の運搬用車を模した各紅茶会社のミニカー
①トワイニング社
②ライオンズ社
③フォートナム＆メイソン
④ハロッズ

第一次世界大戦後の紅茶促進販売

一九一四年に幕を開けた第一次世界大戦時、紅茶は制限食品には入りませんでした。しかし、一九一七年、ドイツ艦隊が英国艦隊の海上補給を断つ目的で、一般の商船への攻撃を始めると、紅茶が英国に届かなくなるという噂が流れ、国民の一部が紅茶の買いだめに走ります。この騒ぎに便乗して紅茶の売値をつり上げる業者も出たため、人びとは紅茶パニックに陥ります。政府は一般商船の警備を強化するとともに、紅茶を配給食品のリストに加えました。

政治家サー・アルフレッド・モリッツ・モンド（左）の提案により、紅茶は配給制になりました。紅茶が自由に購入できなかったことを嘆く婦人の姿が描かれています。（1918年版）

第一次世界大戦後、ブルックボンド社やリプトン社、マザワッテ社などが創業当時から取り扱っていた個包装されたパケットティーは、ますます重要度を増し、とうとう伝統的な量り売りの茶の販売量を超えるようになりました。多くの食料品店には保管がしやすいパケットティーだけが置かれるようになります。老舗トワイニング社も、一九一六年にパケットティーの販売を始めました。トワイニング社は一九五六年に出した社史のなかで、当時の茶販売についてこのように述べています。

「一九三九年、第二次世界大戦が勃発するまで、当社には何代にもわたり個人の家庭に直接紅茶を納めるという商売をしてきました。顧客の多くは地方に大邸宅をもち、大勢の使用人を雇っており、使用人が飲む量も含め一度に、二五、五〇、一〇〇ポンドという大量の紅茶を注文してくれました。当社では注文量に応じて割引も行っていました。

しかしそんな時代は過去の話となり、使用人がいるとしても、多く雇っている家はほとんどなくなってしまったのです。紅茶の大部分を飲んでいたのは使用人でした。今では家族と来客のためのみに、少量を買い求める客ばかりになり、それならば各地域であらかじめ決められた数種類のブレンドティーのなかから、客が好みの物を購入できるほうがありがたいだろうと考えるようになりました」。

トワイニング社が販売方針を変えざるを得なかったように、第一次世界大戦は英国の経済状況を深刻な危機に陥れました。アフタヌーンティーを最初に始めたベッドフォード公爵家を含む、一九二〇年代、多くの貴族が経済的な問題から、ロンドンに構えていたタウンハウスの売却に踏み切りました。階級社会が激しく変貌していくなかで、上流階級を対象にした茶の販売方法は時代に合わなくなってきたのです。

伝統的な茶販売が衰退する一方で、新たな商法で躍進する会社もありました。一九〇五年バーミンガムの茶商ジョン・サムナー（一八五六〜一九三四）が自らの紅茶ブランド「タイフー」を立ち上げました。彼の妹が、細かく砕かれた粉のような茶葉を飲んでみたところ、消化機能が改善されたことから、社名を中国語で医師を意味する「大夫《ダイフ》」に由来してつけたのです。「茎や大きな葉を含まない細かい粉茶」「有害なガロタンニンを含まない」という医薬的な効果を前面に出した売り出し方は、世間から注目されました。タイフー社は、あえて食料品店ではなく薬剤師のいる薬局で販売する戦略をとり、多くの医師がその消化促進の効能を支持したことは強みになりました。

タイフー社は発売当初、薬のイメージを植えつける目的で客の目の前で量り売りする形式をとりました。顧客からのニーズが上がると、固定したブレンドティーとしての販売に踏み切り、多くの食料品店にも提供しました。第一次世界大戦中も、政府の配給の紅茶から粉茶が外されないよう、四〇〇〇人の医師が力をあわせてタイフーブレンドティーがなくならないように署名活動をしたそうです。

このような新しい茶の販売方法にヒントを得たブルックボンド社は、一九三〇年「消化機能を助ける」というラテン語「Pre《プレ》 Gest《ジェスト》 Tea《ティー》」の名前をつけた新ブレンドを発表します。プレ・ジェスト・ティーは国民の興味関心を誘い、爆発的に売り上げを伸ばします。このブレンドはのちにプレ・ジェストの頭文字を取って通称「ＰＧ」と呼ばれるようになりました。第二次世界大戦後に、正式名称が医薬法にふれると指摘され、商品説明から消化促進の文字が消され「ＰＧ《ピージー》 ｔｉｐｓ《チップス》」と改称されました。

ブルックボンド社、リプトン社などの大手紅茶会社はロンドンティーオークションを通さずに、インドやセイロンの茶園との直接取引を強化して茶の値段を押し下げ、アメリカやカナダをはじめ、海外に複数の拠点をもって紅茶販売を掌《しょう》握《あく》するようになります。二〇世紀前半、小規模の茶商たちは経営難に陥り、次々に大手に吸収されていきました。紅茶の大量生産、大量販売の基盤は、二〇世紀前半に完成しました。

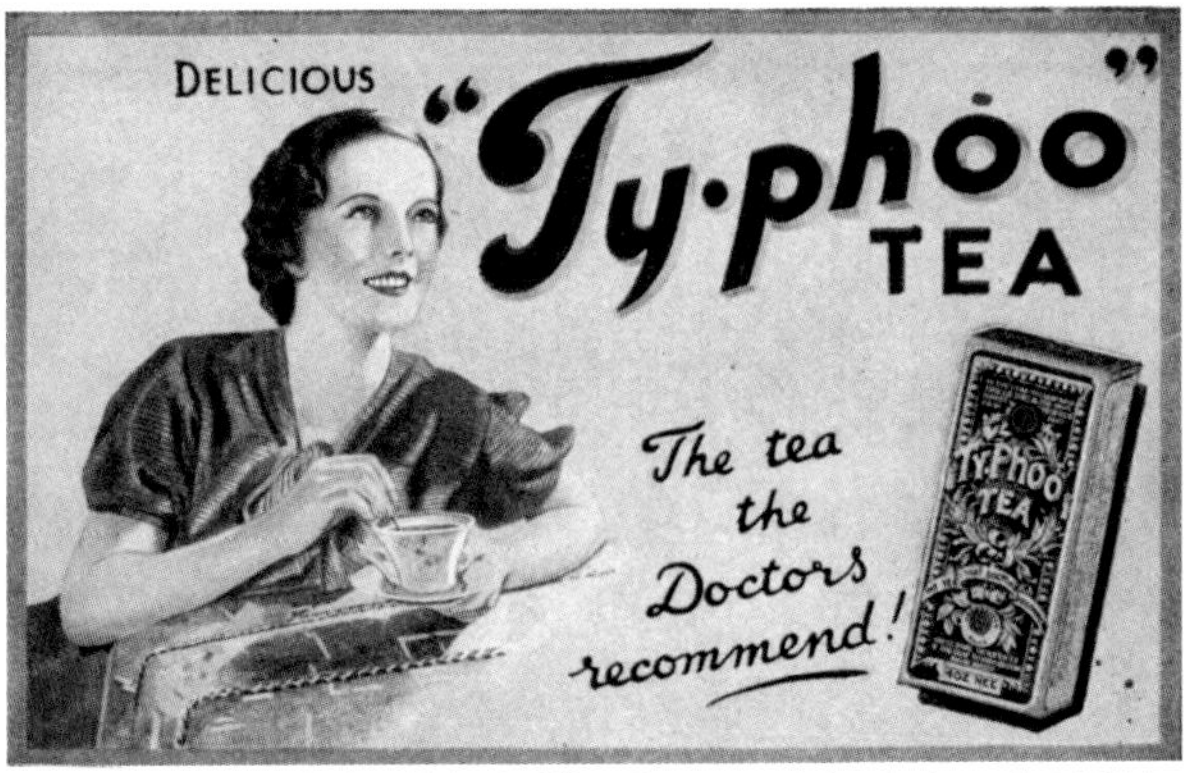

タイフー社の広告。"医師お勧めの紅茶"と書かれています。タイフー社の紅茶を選択することはすばらしいことで、タイフー社の紅茶を飲むと健康になれると謳っています。（Typhoonの広告／1920年代）

帰宅したらすぐに紅茶を！コートを脱ぐ前にやかんを手にする母親の姿が描かれています。（1960年代）

日本に輸入されたリプトン紅茶

一八五八年、約二六〇年ぶりに鎖国を解き開国した日本は、明治維新を迎え、西洋の新しい文化を取り入れる「文明開化」に沸きます。欧米で愛飲されている紅茶に注目した日本政府は、一八七四年（明治七）から国産の紅茶栽培にも取り組みます。一八八七年、日本の公式記録のうえでは初めての紅茶が、英国より一〇〇キログラム輸入されました。この紅茶は鹿鳴館《ろくめいかん》や政府の要人たちの社交用でした。さらに一九〇六年（明治三九）、明治屋がリプトン社のパケットティーを輸入します。これがブランド紅茶の輸入の始まりです。リプトン社の紅茶は、品質優秀だったので、英国帰りの留学生や、洋風文化に憧れる多くの人に愛飲され、紅茶普及に大きな役割を果たしました。

一九〇九年には国内初の紅茶会社「三井農林」の前身「三井合名会社」が創業し、当時日本の支配下にあった台湾に紅茶用の茶園と工場を開設します。一九二七年には「三井紅茶（現・日東紅茶）」のブランド名で販売も始まりました。

リプトン社の紅茶は黄色の缶で輸入されたため“黄金”のイメージがあったようです。（ウォーカー合資會社の広告／1935年）

贈答品に日東紅茶を勧める広告。（三井物産株式會社／1936年）

インド山岳鉄道

インドのダージリン、そしてニルギリは険しい山岳地帯です。茶園が発展していくなかで大きな問題になったのは、ふもとの町までどのようにして紅茶を運ぶかという輸送問題でした。人の背に載せられて運ばれる紅茶は、人的負担は大きいのに少量しか輸送しかできない状況でした。

鉄道王国だった英国は、一八八一年に世界最古の山岳鉄道「ダージリン・ヒマラヤ鉄道」の、最初の区間を開通させました。一八九九年には「ニルギリ山岳鉄道」が開通します。紅茶を運搬するための線路ができあがったのです。これらの山岳鉄道は、紅茶産業をあと押しする役割を果たします。ふたつの鉄道は現在「インドの山岳鉄道群」としてユネスコの世界遺産に認定されています。

（上）：蒸気機関車の車体が小型であることから「トイ・トレイン」の愛称で親しまれている、ダージリン・ヒマラヤ鉄道。（下）：ニルギリ紅茶の運搬に尽力した、ニルギリ山岳鉄道。

女性の憧れニッピー

「帽子のつけ方は正しく、マークは中央にきちんと合わせる」「リボン、エプロンは清潔に洗い、アイロンをかける」「化粧は控えめに」「ヘアスタイルは清潔で整然と」「歯の手入れは丁寧に」「手はきちんと洗い、爪も整える」「スカート丈は短すぎない」「ストッキングは黒色」「靴はプレーンで低めのヒールにし、きちんと磨く」。ライオンズ社の名物ウェイトレスである理想的なニッピーになるためには、たくさんの決まりごとがありました。ライオンズ社は従業員の士気を高めるため、毎年最も輝いたニッピーを選ぶニッピーコンテストを行い、優勝者には一〇〇ポンドの賞金を出しました。優秀なニッピーは「ニッピースクール」の講師となって後輩の育成にも協力しました。こうして、ライオンズ社からは、新しい時代にふさわしい女性たちが誕生していったのです。一九三〇年にはロンドンで、ビニー・ヘイル（一八九九〜一九八四）主演でニッピーを主役にしたコメディーミュージカル「ニッピー」も上演されました。

ライオンズ社内のニッピーコンテストで優勝したミス・ライオンズが広告塔になっています。（Lyonsの広告／1925年）

発明家ウィリアム・ジャクソン

紅茶発展には発明家の存在も欠かせませんでした。ウィリアム・ジャクソン（一八四九〜一九一五）は、紅茶界に貢献した発明家のひとりです。スコットランドの茶会社「スコティッシュアッサムカンパニー」に勤務していたウィリアムは、アッサムに赴任《ふにん》したことをきっかけに、製茶機械に興味をもつようになります。

彼はブリタニア鉄工所と提携して、「マーシャル＆サンズ」社を起業、お茶を揉む揉捻機の開発を始めます。一八七二年に発表した揉捻機は、三〇〇台近い売り上げを記録し、インド、セイロンの紅茶工場に設置されました。

一八八四年には、紅茶を乾燥させる「乾燥機」を作ります。一八八八年には揉み込んで乾燥させたあとの紅茶を、同サイズに篩《ふる》い分けする「選別機」を、一八九八年には「個包装機」と、次々に新作を発表し、茶業界の機械化を先導独占しました。

一八七六年に日本政府の命令でインドの茶産地を視察した多田元吉（一八二九〜一八九六）は、マーシャル＆サンズ社の揉捻機を見て、その設計構造を詳細に書き留めて日本に帰国、日本国内での紅茶製造に役立てました。

ウィリアム・ジャクソンが開発した紅茶揉捻機。セイロン紅茶博物館に展示されています。

第8章

戦争を乗り越えて二一世紀へ

第二次世界大戦を機に植民地が独立。アメリカからコーヒー文化が到来し、ロンドンの街中にはいたる所にコーヒーショップがオープンします。古きよき英国の伝統社会が崩れた二〇世紀後半、英国の紅茶はどこに向かっていくのでしょうか。

国際茶業委員会の設立

一九三〇年代に入ると、農業の機械化が進み農作物が生産過剰になったことから、世界中で「農業恐慌」が起こり、紅茶の価格は下落、生産国の経済は大打撃を受けました。

その対策として、当時の紅茶の主要生産国インド、セイロン、インドネシアの代表は一九三三年二月にロンドンに集まり、世界最初の民間ベースによる「国際茶協定」（ＩＴＡ）に調印しました。調印の内容は、特別な場合を除き、紅茶の栽培面積、生産量の拡大を禁止するというもので、この協定は、第二次世界大戦後の一九五四年まで続きました。

この国際茶協定を管理するため、一九三三年七月に「国際茶業委員会」（ＩＴＣ）がロンドンに設置され、インド、セイロン、インドネシアに加え、ケニア、ウガンダ、タンザニア、マラウイも参加しました。国際茶業委員会の目的は過剰生産を抑え紅茶生産国の収益性を改善することにありました。

国際茶業委員会が設置されたことで紅茶の生産量は抑制され、紅茶の価格は一九三〇年代半ばから第二次世界大戦が始まるまで、ゆるやかに上昇しました。

現在国際茶業委員会は、紅茶生産国の生産量、輸出量をはじめとした各種統計の管理や、世界の茶業関係の情報収集を行い、それらの情報を関係国政府および国際関係機関に提供しています。その情報は茶の統計の権威となっています。

第二次世界大戦と紅茶

一九三九年、第二次世界大戦開始の二日後、英国政府は紅茶を配給制にすることを決め、国内にある紅茶会社に在庫リストを提出させ、そのすべての紅茶の買い取りを行いました。これは第一次世界大戦時の紅茶パニックから得た教訓でした。集められた紅茶は空爆が始まった時には、ロンドン市内から郊外の倉庫に避難できるように管理されました。

政府は集めた紅茶を各紅茶会社に分配し、それぞれの会社の工場でブレンド、個包装を行わせました。第一次世界大戦の時にトワイニング社が作ったブレンドティーは一種類だけでしたが、第二次世界大戦時は三種類を作って顧客を喜ばせました。ブルックボンド社、ライオンズ社の工場でも紅茶のブレンド、個包装が行われました。マザワッテ社、タイフー社は残念ながら、空爆で工場が大きな被害を受けたため、配給紅茶のブレンドをすることができませんでした。

そのため、これらの会社の社員は、ほかの紅茶会社の工場の助っ人にまわったり、自社の車で紅茶の運搬を引き受けた

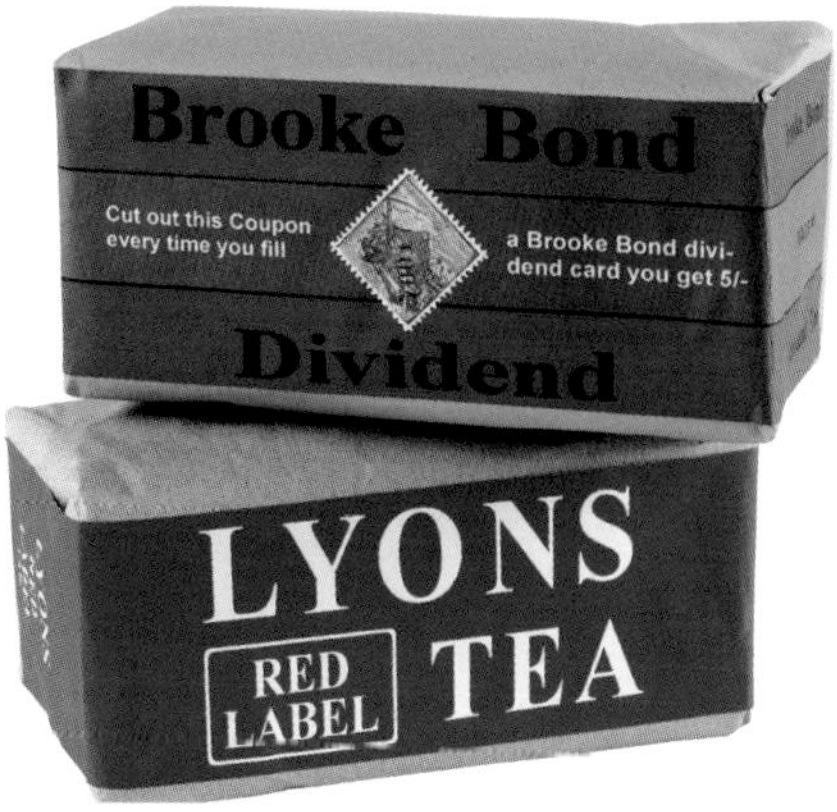

戦時中の個包装茶のパッケージ。どの会社も、政府の指示どおりの決まった量の紅茶を用意しました。(1940年代/1990年復刻)

1939年8月に結ばれた「独ソ不可侵条約」を皮肉った記事。犬猿の仲といわれたヒトラー(右)とスターリン(左)が手を結んだことは、世界中に衝撃を与えました。(Punch, or The London Charivari 1940年3月27日)

1943年の配給の様子を描いたカード。配給制度のおかげで人びとが平等に買い物ができている様子を描いています。(Cult Stuff/2012年)

チャーチル首相は、毒舌家でも知られました。議会中に、彼に批判的なある女性議員から「私があなたの妻だったら、あなたの飲む紅茶に毒を入れるでしょう」と皮肉られたところ、「私があなたの夫だったら喜んでその紅茶を飲むでしょう(あなたの夫になるくらいないならば死んだ方がまし)」と平然と言い返し、女性議員を悔しがらせました。(Punch, or The London Charivari 1925年2月18日)

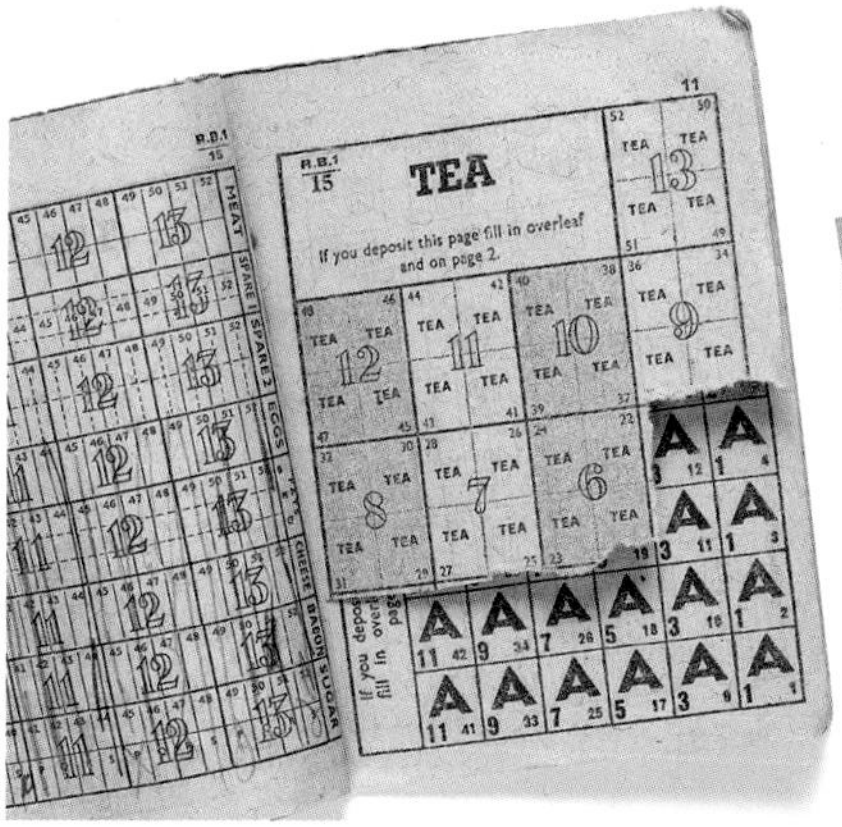

配給手帳の中の、紅茶のページ。小さな枠に「TEA」の文字があり、一つ一つを切り取り、紅茶と引き替えました。(英国製/1952年発行)

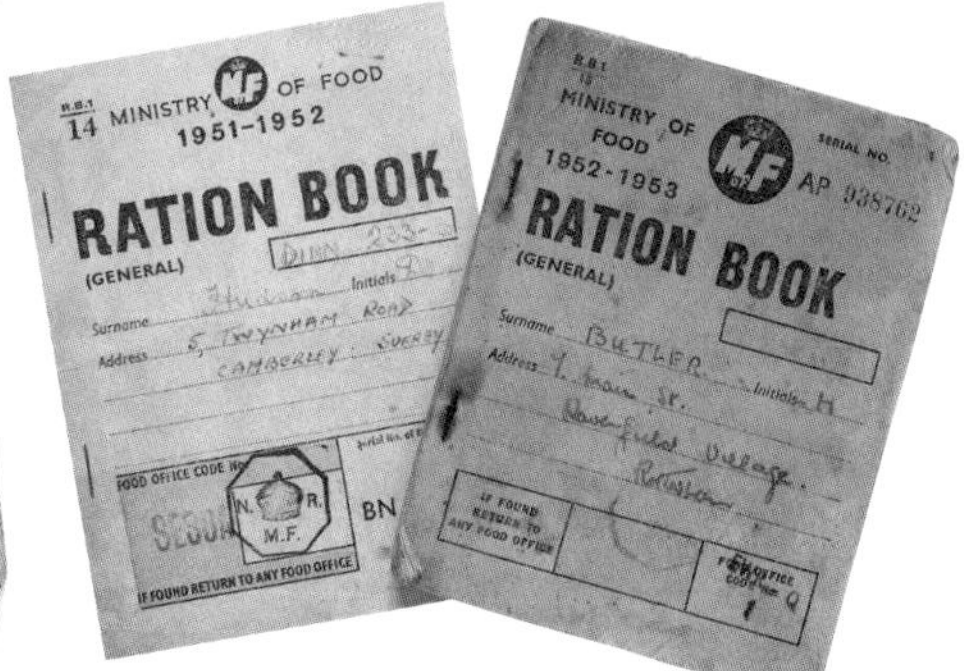

戦時中の配給手帳。配給手帳は食品用、ガソリン用など、複数配布されました。(英国製/左1951年発行、右1952年発行)

YMCAの紅茶配給車のまわりに集まり、束の間のティータイムを楽しむ人びと。（1942年6月3日）

りすることで協力しました。

首相ウィンストン・チャーチル（一八七四〜一九六五）は「たとえ戦地で弾丸が切れようとも、紅茶は絶対に切らしてはならない」と述べ、激戦を強いられていた海軍艦艇の船乗りたちには制限なしで紅茶を支給するように命じました。

チャーチルは、紅茶は一般市民にとっても、戦争という非常事態のなかで、身体を温め、束の間の安らぎを与えてくれる飲料であることを強く認識していました。国民への紅茶の配給は一九四〇〜五二年まで続きました。国民への配給は、五歳以上の国民に配られる配給手帳によって厳重に管理されました。配給量は週に平均五五グラムで、国民は政府に指定された紅茶専門店または食料品店で、好みの会社のパケットティーを受け取りました。戦争の情勢により配給量が年ごとに変化したため、配給手帳はその都度新調されました。兵士や老人に一般より多い量の紅茶が配給された年もあったそうです。

プリマスで撮影されたYMCAの紅茶配給車。戦火により車体は破壊されてしまっています。（1941年5月2日）

一九四六年一月の『イヴニング・スタンダード』紙に掲載されたジョージ・オーウェル（一九〇三〜一九五〇）の『一杯のおいしい紅茶』のエッセイには、おいしい紅茶への筆者のこだわり〝全一一箇条〟が書かれています。その四箇条目はこうです。

「紅茶は濃いことが肝心である。一リットル強入るポットに縁スレスレまで入れるとしたら、茶さじ山盛り六杯が適量だろう。今のような配給時代には毎日そんなまねはできないけれども、一杯の濃い紅茶は二〇杯の薄い紅茶に勝るというのが私の持論である。本当の紅茶好きは濃い紅茶が好きなだけでなく、年ごとにますます濃いのが好きになっていくもので、この事実は、老齢年金受給者の配給量には割増があることでも証明されている」。

ロンドン大空襲の爆撃で大破した街路を、紅茶の配給車は足を止めることなく走り続け、必要な場所に必要なものを正確に届けました。紅茶は戦地で働く兵士のもとへも届けられました。戦場の第一線へは、英国軍とＹＭＣＡ《キリスト教青年会》の協力によって配給が遂行されました。ＹＭＣＡは四〇台の紅茶配給車を所持し、うち二四台はフランスに紅茶を運びましたが、戦後英国に帰国できた車は一台だけだったそうです。配給車の活躍もあり、戦地であっても決められた時間には必ずティーブレイクが行われました。

激戦地となったビルマへも英国空軍が紅茶を定期的に届け、英国陸軍の紅茶係から兵士に提供されました。当時の資料によると東南アジアの戦地では四ガロン（約一八リットル）入りのガソリン缶に湯

1934年のYMCAの紅茶配給車のミニカー。（左1969年、右1994年）

戦地に配給された紅茶。水に濡れてもいいように、アルミの缶に入れられていました。（英国製／1940年）

を沸かし、両手一杯の茶葉を入れ、コンデンスミルク二缶、砂糖を両手一杯分加えて紅茶を淹れていたようです。兵士たちは、飯盒《はんごう》をカップ代わりにして紅茶を飲みました。戦場の兵士たちは、早朝に飲む濃い紅茶を「火薬弾《ガンファイヤー》」と呼びました。ティーブレイクは兵士たちの士気を高め、かつ不安を慰めてくれる大切な時間となりました。また、紅茶は不衛生な戦地での水の解毒作用も期待された支給品であったともいわれています。

紅茶の生産国であるインドやセイロンでは茶園の自衛団が組織され、労働者不足や資材不足の困難にも耐えて、戦時中も紅茶生産が続けられました。激戦地ビルマのすぐ隣に位置するアッサムでは、英国軍が駐在して茶園を警備しました。さらに英国政府は、産地から英国までの船の往復を減らすため、紅茶の製造現場に「なるべく細かく切った、小型茶《ブロークンズ》に仕上げた紅茶」を製造するように命じました。

大型《フルリーフ》に加工された茶葉は、かさが張るため大量に運べなかったからです。こうしてインド領内の一部をのぞく大部分の紅茶生産地では、小型茶の生産に拍車がかかりました。

第二次世界大戦中の一九四〇年、労働大臣アーネスト・ベヴィン（一八八一～一九五一）は、工業製品の生産性を上げるために、労働管理組合と協議し、ある工場で一か月間、午前と午後の二回、作業員全員でのティーブレイクをとる実験をさせました。大半の工場ではそれまで決まった時間に休憩をとることはなく、労働者は自分の判断で仕事を中断し、紅茶で喉《のど》を潤《うるお》していました。実験終了後その工場の役員は「短い休憩を規則的に挟むことで、労働者の集中力が高まり、生産性が向上した」とベヴィンに報告しました。ベヴィンはさらに一年ほど、産業におけるティーブレイクの効果について実験を繰り返し、「工場における一日二回のティーブレイクは生産性を上げることにつながる」と最終結論を出しました。

英国では第二次世界大戦が終わるまでに、社則で定期的なティーブレイクをとる会社が三〇倍に増えたそうです。労働中のティーブレイクは、労働者にも経営者にも歓迎されました。

戦時中ここまで徹底して紅茶の管理・配給が行われた国はほかに例がありません。英国人にとって紅茶はもはや嗜好品《しこうひん》の域を超えた、特別な飲料になっていたのです。

労働大臣ベヴィンが理想とした工場でも定期的なティーブレイクの様子。写真の工場では第１次世界大戦中より、午前９時に10分間、午後４時に30分間のティーブレイクが遂行されていました。工場での規則的なティーブレイクは、第２次世界大戦を通し普及しました。（The Illustrated War News 1946年11月8日）

ティーバッグは現在、さまざまな素材、形で作られています。

植民地の独立と人びとの生活の変化

第二次世界大戦で疲弊《ひへい》したイギリスは、植民地インドを維持する力を失いました。一九四六年にインドで民衆運動やストライキが多発し、全土でイスラム教徒とヒンドゥー教徒の対立が激化します。英国はインドの独立を承認する方針でいましたが、宗教問題で調停は難航し、結局一九四七年に東西両部分からなるパキスタン、そしてインドがそれぞれ分離独立しました。翌一九四八年にはセイロンも独立し、一九七二年には国名をスリランカ共和国と変えます（スリランカ産の紅茶の名称は「セイロン」が通用しています）。一九六〇年代には、ウガンダ、ケニア、マラウイなどアフリカの主要紅茶生産国が次々に独立しました。

英国のスーパーマーケットの棚に並ぶ PG tips のインスタントティー。

かつて「太陽の沈まない国」とも比喩《ひゆ》された英国の姿はもうどこにもありません。英国は第二次世界大戦時の紅茶の輸送に非常に苦労した教訓をいかし、戦後、英国に比較的近いケニアでの紅茶栽培への投資を強化するようになります。ケニアの紅茶生産量はぐんと伸び、独立後のケニア経済の発展に紅茶は大きく影響しました。

英国国内では、かつてのように女性が家にいられる中産階級も減り、多くの家庭の女性たちが経済的な事情や、男性と同じ権利を求めて外で働くようになりました。家庭で時間をかけてゆったり紅茶を楽しむ人が少なくなったことで注目されたのが、ティーバッグでした。一八三七年にヨークシャーに創業したテトリー社は、一八五六年ロンドンに拠点を移し事業を拡大しました。一八八八年からはアメリカにも進出、一九三〇年からはアメリカ国内用のティーバッグ製作にも従事していました。

テトリー社はそのノウハウをいかし、一九五三年、英国で初めてティーバッグを発売。ヴィクトリア朝後期には見向きもされなかったティーバッグは、戦後の英国で歓迎され、それをきっかけに他社でもティーバッグの販売が始められました。一九五六年には老舗トワイニング社もティーバッグ販売を始めます。

当時のティーバッグは、一九四五年頃より商業利用された濾紙を使った「ヒートシール」によるシングルバッグが主流でした。しかし一九五三年、ドイツから濾紙をW形に折り込んでアルミニウムのホチキスで閉じるダブルバッグの機械が導入されると、その多様化が進みました。ブルックボンド社、タイフー社もティーバッグの販売に熱心に取り組み、食料品店の棚には個包装された、新しい装いの紅茶がズラリと並ぶようになりました。

一九六〇年代には、労働者に一日二回のティーブレイクを認める条項を含んだ労働法が制定され、職場でのティーブレイクは定番化します。そのような場にティーバッグは歓迎されました。しかし、一九六〇年代初頭のティーバッグの普及率はまだ三パーセントほどでした。

アメリカでは、本拠地を英国から移したリプトン社が、一九五八年からインスタントティーの実用化を進めていました。粉末紅茶を熱湯または水に溶かすだけで気軽に紅茶が楽しめる、この新しい商品は一九六五年以降急速にアメリカ国内で普及し、一九九〇年代には、アメリカで消費される紅茶の三割のシェアを占めるほどに成長します。その流れは英国にも飛び火し、一九七〇年代から一部の食料品店の棚にインスタントティーが並ぶようになりますが、保守的な英国人はティーバッグ出現の時と同様、この変化を受け入れませんでした。

名建築家ロバート・アダム（1728〜1792）が1760年に手がけたケドルストンホールも、現在はナショナルトラストが所有し管理しています。

コーヒーショップの発展とティールーム

一九六〇年代より、ロンドンの街中にアメリカ系のコーヒーショップや、イタリア系のエスプレッソバーが増加するようになると、昔ながらのティールームは影を潜めていきます。ティーバッグの普及で紅茶はこれまで以上に家庭や職場で簡単に飲める飲み物になっていたため、「わざわざ外で紅茶を飲まなくても」「家で飲める紅茶に外でお金は払いたくない」と思う人も多く、新進のコーヒーショップの魅力に太刀打ちできなくなってしまいます。とくにエスプレッソバーの近代的なイメージは若者を虜にしました。また、家庭での紅茶の楽しみ方にも変化が出てきます。上流階級の人びとが、大衆化された紅茶に飽き、コーヒーを好むようになり、コーヒーのイメージが向上し、中産階級もこれにならいます。

さらに、労働者階級ではファストフードの到来により、外食ブームが起きます。食材の数も増え、食事の種類も多様化したことにより、消費者の好みも一律ではなくなり、それぞれが好きなものを好きな時間に食べるという個食化が急速に進みました。今まで家で食べていた朝食もファストフード店ですませるようになり、伝統的な朝食スタイルも崩壊します。家族そろってお茶を楽しんだり、食事を楽しんだりする時間はなかなかとれなくなっていくのです。戦前には否定されたアイスティーも、少しずつ英国でも好まれるようになっていきました。

もちろん伝統的な英国の生活スタイルや文化の衰退を惜しむ人びともいました。

ティーバッグの広告にも、アイスティーが登場するようになります。（Twiningsの広告／1970年）

一八九五年に歴史的建築物の保護を目的として設立したボランティア団体「ナショナルトラスト（National Trust for Places of Historic Interest or Natural Beauty）」も、戦後、急速に古き伝統が失われていることに大きな危機感を感じていました。

一九七〇年代、上流階級が経済的問題から「カントリーハウス」を次々に売却すると、ナショナルトラストはそれらの建物を購入し、建物や庭園を当時のままに再現し、一般市民や観光客に開放する運動を強化します。

ナショナルトラストは、所有する歴史的名所を訪れる観光客のために、建物内にティールームを併設しました。なかにはアフタヌーンティーを楽しめるティールームもありました。この試みは、外国人の観光客だけでなく、英国国民にも歓迎されました。このような活動に影響され、一九八〇年代になるとロンドンの街中にも、オールドスタイルの個人経営のティールームが復活するようになります。

このような動きを受け、一九八五年にティーギルド「UKティーカウンシル」が立ち上がります。英国紅茶の歴史、紅茶に関する最新情報の広報、おいしい紅茶を楽しめるティールームの紹介など、紅茶の普及を目的としたこの団体は、毎年春、ティーギルドのメンバーに認定されている店から、その年最高のティールームを選ぶコンテストを行っています。

その審査は三部門に分かれます。ロンドン市内のホテルとティールームを対象にした「トップ・ロンドン・アフタヌーンティー」、ロンドン以外の英国全土のホテルを対象とした「トップ・シティー&カントリー・ホテル・ティー」、ロンドン以外の英国全土のティールームを対象とした「トップ・ティー・プレイス・アワード」です。

審査方法も本格的です。前年の夏から秋にかけて覆面《ふくめん》調査員が各ティールームを訪れ、一二五項目にも及ぶ細かい選考基準にもとづき、紅茶の質、味、温度、濃さから始まり、メニュー構成、従業員のサービス、店の雰囲気、演出、スタッフの知識レベル、ホスピタリティなどを細かく評価します。覆面調査員は、引退した紅茶会社の技術者やテイスター、経営者たちで構成されています。この試みは、日本でも毎年話題になり、紅茶好き、旅行好きの人に喜ばれています。

ホテルのアフタヌーンティーや、カントリーサイドのティールームを特集した本や雑誌。

消費地でのティーオークション風景。（1890年版）

ロンドンオークションの閉鎖

紅茶生産国の独立によって、消費地での紅茶のオークションは活気を失いました。一九五八年のオランダのアムステルダムオークションの閉鎖に始まり、一九六五年にはドイツのハンブルグオークシヨン、一九七一年にはベルギーのアントワープオークションが、次々に閉鎖しました。世界中の紅茶を上場していたロンドンオークションも、一九九八年六月二九日の取引を最後にその歴史の幕を閉じました。ヨークシャーの水に合わせたブレンドティーを売りにしていたテイラーズ・オブ・ハロゲイトを吸収合併していた「ベティーズ・カフェ・ティールーム（ベティーズ&テイラーズ・オブ・ハロゲイト）」も、この最後のオークションに挑んでいます。

ベティーズは、トワイニング社、ブルックボンド社、テトリー社などの強豪を相手に、最後の出品セイロンのヘルボッデ茶園の紅茶を一箱（四四キログラム）、一キログラム五五〇ポンド（当時の日本円の価値で一〇万円強）で落札。この売買から生まれた利益はすべて、チャリティーへ寄付されました。

ベティーズのバイヤーは、こんなコメントを残しました。「ベティーズは今なお英国に残る、数少ない家族経営の茶商のひとつです。ですから、茶貿易の三〇〇年以上の歴史の象徴となる茶の入札を行ったことは、本当に正しいことであったと思います。私たちは単に、お客様に歴史の一部分を味わってもらいたく、その思いを遂行したまでなのです」。

その翌日、ヨークシャーにあるベティーズのティールームでは、おそらくこれまでこのティールームで出された紅茶のなかで、最高価格の紅茶が無料でふるまわれ、常連客を歓喜させました。この時の紅茶の一部は、同社に保存されているということです。これ以後、紅茶の売買は、原産地のオークションで行われるようになりました。

「レインフォレスト・アライアンス」の、カエルのマークがついたPG tipsのティーバッグ。

スーパーマーケットのプライベートブランドの紅茶にも、フェアトレード商品が増えています。

若者へのメッセージ 紅茶をもっと楽しもう！

一九九〇年代からは、有機栽培のオーガニックティーや、環境保全に考慮された「レインフォレスト・アライアンス」を取得している紅茶に対する注目が集まります。また原産地と公正貿易をするフェアトレードなど、生産地を守るための新しい取り組みも始まりました。

さらに二〇〇三年には、コーヒー文化に染まる若者にもっと紅茶を楽しんでほしいと、英国王立化学協会が英国国民へ「一杯の完璧な紅茶の淹れ方」のメッセージを発表しました。おいしい紅茶を淹れるには、「缶入りのアッサム紅茶、軟水、新鮮な冷たい牛乳、白砂糖」の材料が必要で、「やかん、磁器製マグ、メッシュの細かい茶漉し、ティースプーン、電子レンジ」が調理器具の候補としてあげられました。

では、英国王立化学協会が推薦する淹れ方を紹介しましょう。まず、やかんに新鮮な軟水を注いで火にかけます。この時の注意事項としては、時間、水、火力を無駄にしないように適量だけを火にかけるのが理想だそうです。今の時代のエコを反映する一文は笑いを誘います。

さらに、湯が沸くのを待つ間、四分の一カップの水を入れた磁器製紅茶ポットを、電子レンジに最大出力で一分間かけます。やかんのお湯が沸くのと同時にポットからお湯をあけるように、行動を連携させることが大切だと書かれています

生乳を120度〜150度で1秒〜3秒で殺菌するUHT法（ultra high temperature heating method）の牛乳は、英国では調理用として活用されています。日本では超高温瞬間殺菌牛乳として知られています。

「fresh pasteurised milk」と表記のあるパスチャライズド牛乳。日本では低温殺菌牛乳として知られています。加熱臭がないため紅茶の繊細な香りを引き立てる牛乳として人気です。

が、このあたりもエコへの取り組みなのでしょうか。次に、カップ一杯あたりティースプーン一杯の茶葉をポットに入れます。英国では「硬水」の地域が多いため、現在でも人数分プラス一杯の茶葉を使用する家庭も多いのですが、王立化学協会は使用する水に「軟水」を指定しているため、この分量になっているのだと思われます。

次に、沸騰しているやかんまでポットを持っていき、茶葉の上にお湯を注いでかるく混ぜます。紅茶を三分間蒸らし仕上げます。茶器へのこだわりとしては、磁器製マグか、自分自身のお気に入りのマグが勧められています。

最大のポイントは、ミルクの入れ方です。まずミルクをカップに注ぎ、次に紅茶を注ぎ、豊かでおいしそうな色合いの完成をめざす、との指示があります。英国では昔から、上流階級は紅茶の色を楽しんでからミルクを入れる習慣がありました。反対に労働者階級は、粗末な器を紅茶の熱湯で傷つけないように、ミルクを先に入れ、紅茶をあとから注ぐという習慣をもっているといわれてきました。前者は「ＭＩＡ（ミルクインアフター）」、後者は「ＭＩＦ（ミルクインファースト）」と呼ばれました。

英国王立化学協会の発表は、「ＭＩＦ」を推奨し、労働者階級の習慣に軍配をあげたものです。さらに英国王立化学協会はヴィクトリア朝後期に商品化された「低温殺菌牛乳」を使用することを勧めています。低温殺菌牛乳は、牛乳の沸点を超えない六三〜六五度の温度で殺菌されている牛乳をさします。低温で殺菌することで、搾《しぼ》りたての生乳に近い風味が

Column

王室と紅茶

英国王室の記念行事は各紅茶会社にとって、特別なブレンドティーを製作する機会です。21世紀にはエリザベス二世の即位50周年記念式典《ゴールデン・ジュビリー》、即位60周年記念式典《ダイヤモンド・ジュビリー》、そしてウィリアム王子とキャサリン妃の結婚式、お2人の息子ジョージ王子のご生誕など、さまざまな祝賀が続きました。王室のお祝いのためにデザインされた、いつもより豪華な限定紅茶缶は紅茶ファンを喜ばせています。

王室行事のひとつにバッキンガム宮殿の「ガーデンティーパーティー」がありますが、このガーデンティーパーティーには王族や各国の大使だけでなく、国内外の著名人や、奉仕活動や教育・スポーツといった各部門で功績が認められた人が、毎年3000人近く招待されます。2012年のガーデンティーパーティーでは、ティーカップ2万7000杯の紅茶、そして2万切れのサンドウィッチと、2万個のケーキがふるまわれたそうです。

王室の祝賀に合わせてブレンドされた紅茶。左から順に①エリザベス二世戴冠60周年、②ウィリアム王子とキャサリン妃の結婚式、③④エリザベス二世即位60周年記念、⑤エリザベス二世即位50周年の記念缶。

ガーデンティーパーティーで提供されたハロッズの「ロイヤルガーデンティー」。

楽しめる牛乳です。英国王立化学協会は、ミルクを先に注ぐことで、あとから熱い紅茶が注がれても、カップ内のミルクティーの温度が、牛乳が熱変性をおこす七五度を超さないように考慮が必要と述べています。日本では低温殺菌牛乳の普及率が牛乳全体の一割ほどと低いため、この発表は日本の紅茶愛飲家の牛乳選びにも影響を与えました。

淹れ方の最後には、味わいのために砂糖を加えるとあります。これもお茶と砂糖を昔から合わせて楽しんできた英国流です。ちなみに飲む時は、熱すぎる紅茶を飲もうとすることで起こりうる下品な飲み方（昔流のお茶を受け皿に移すこと）を避けるため、摂氏六〇～六五度で飲むよう勧めています。

紅茶は英国において、ただの嗜好飲料の地位にとどまらず、「観光資源」としての力ももっています。外国から訪れる観光客の多くは、英国紅茶文化に憧れ、ホテルでのアフタヌーンティーや、オールドスタイルのティールームで紅茶を飲むことを楽しみにしています。

しかし現実にはロンドンの街にはいたる所にコーヒーショップがあふれており、「英国は紅茶の国」という観光客のイメージを変えてしまいます。英国王立化学協会が発表した「一杯の完璧な紅茶の淹れ方」は、多くの英国人に、英国らしいジョークとして受けとめられ、広く話題にされました。そしてこの発表をきっかけに、紅茶へのこだわりを大切にする人も増えたようです。国の財産としての「紅茶文化」を、若い人たちにも見直してもらおうという英国王立化学協会の狙いは、成功したといえるでしょう。

二一世紀　新たなる紅茶への取り組み

二〇〇五年、英国南西部のコーンウォールにあるトレゴスナン・エステートが、商業用国内栽培茶を収穫したと発表しま

トレゴスナン・エステート のブレンドティー。アッサム紅茶が混ぜられています。

Column

お土産としても人気の紅茶

英国に行くと、土産物店にもたくさんの紅茶が並んでいます。ビッグベンやロンドン塔、ロンドンバス、そしてアフタヌーンティーのシーンなど……外国人が見て「英国らしい」と感じるモチーフの色とりどりの紅茶缶が目にとまります。1886年創業の、コーヒー、スパイス、紅茶の取り扱いで知られる「ウィタード」社は1970年代より紅茶販売を強化、毎年新調される紅茶缶のデザインは若者や観光客に好評です。1953年創業の「アーマッド」社も土産物店の紅茶棚の常連です。

このようなデザイン缶入りの紅茶は、紅茶を楽しんだあと、缶も旅の思い出として飾っておけるので、とても人気です。

1978年に紋章院の許可を得て設立された新ブランド「東インド会社」の紅茶も、お土産として人気です。

お土産物としても人気の紅茶。左右がアーマッド社、中央の小さな紅茶缶はウィタード社の商品です。

した。一四世紀からの歴史をもつ「丘の上の屋敷」を意味するトレゴスナン・エステートは、代々貴族が所有し、海外の珍しい植物を扱う総合園芸業を営んでいました。一九九六年から、敷地内の椿栽培にヒントを得て、今まで英国の気候風土では不可能といわれていた茶栽培にチャレンジします。

二〇〇五年には二万本の茶樹から紅茶が製造され、一ポンド六八〇ポンド（当時の価格で約一三万円）という高価格で売り出されました。この茶葉を購入したのは、フォートナム&メイソンで、その後一部が顧客に販売されました。トレゴスナン・エステートの紅茶は収穫量が少ないため、販売時には他国の紅茶とブレンドされることが大半です。ブレンドしないこの茶園のシングルエステートティーを飲みたい消費者もいますが、価格が当然高くなり、入手も困難なので、幻の紅茶となっています。今後の収穫量の増加が期待されています。

観光客も多く足を運ぶホテルでも、新しい取り組みが始まっています。ヴィクトリア朝の優雅なアフタヌーンティーを彷彿とさせる、紅茶の前にシャンパンで乾杯をする「シャンパンアフタヌーンティー」。男性客を対象にしたティーフードにボリュームがあり、シャンパンではなくウィスキーもチョイスできる「メンズアフタヌーンティー」や、ダイエットを意識している人向けのデトックスにかけた「ティートックスアフタヌーンティー」など、ホテル側も客の興味を惹きつけるメニューを日々考えています。

紅茶専門店では、個包装されたブレンドティーの販売が大半だった二〇世紀の販売方法を逆流させ、インドやスリランカの茶園別の紅茶や、まだ生産量が少なく英国で認知されていない国の紅茶を、ブレンドせずに量り売りで販売する試みを始めました。トワイニング社やフォートナム&メイソン、ハロッズも「プレミアムティーコーナー」を設け、数十種類におよぶ紅茶を量り売りで販売しています。プレミアムティーコーナーには紅茶だけでなく、緑茶、烏龍茶も並んでいます。なかには日本の玄米茶や茎茶などもあります。ただ、プレミアムティーは大量販売のティーバッグ商品に比べると高価なため、興味をもったり、実際に購入したりしているのは一部の愛飲家だけで、ほとんどの英国人は当たり前のようにスーパーで低価格で販売されるティーバッグ商品を購入しています。二〇〇七年、ティーバッグの普及率は、全紅茶の九六パーセントにまで成長しました。

二〇一二年、火災により半焼してしまった世界最後のティークリッパー「カティサーク」が修復作業を無事に終え、エリザベス二世（一九二六〜）によって一般公開の再開が宣言されました。またこの年、海を隔てたアメリカでも紅茶の歴史に関する重要な施設「ボストンティーパーティー・シップス&ミュージアム」が、やはり火事による被害から約一〇年ぶりに復活、一般公開されました。世界的に不況の昨今、このふたつのミュージアム

英国のスーパーマーケットにあるテトリー社のティーバッグ。日本では見ることのない240個入りの商品です。

トワイニング本店のプレミアムティーコーナー。世界中の珍しい産地のお茶が並んでいます。

テイラーズ・オブ・ハロゲイトのヨークシャーティーのティーバッグ。160個入りです。ハードウォーター（硬水）用、カフェインレスの商品も並んでいます。

をリニューアルするためには、国民からの多くの寄付が必要でした。両国の国民がこれら文化施設の継承を支持したことからも、英国紅茶の歴史が重要視されていることがうかがえます。

　一七世紀に東洋から輸入されてきた茶は、長い年月をかけて英国を代表する「文化」に成長しました。英国紅茶の歴史は過去のものではありません。現在、そしてこれからも、とどまることなく動きつづけていくのです。

リニューアルされた「カティサーク」の外観。

トワイニング社がカティサークのリニューアルを記念して販売したブレンドティー。缶のデザインも人気になりました。

ボストンティーパーティー・シップス＆ミュージアムの外観。館内にはボストンティーパーティー事件にいたるまでの経緯、アメリカの紅茶文化についての展示がされています。復元された船に乗り、実際に茶箱を海に投げ捨てるというレクリエーションにも参加できます。

ミュージアム・ショップの一角には、ボストンティーパーティーの記念グッズのコーナーも。

Column

ブルックボンド社の人気トレーディングカード

茶商の家に生まれたアーサー・ブルック（一八四五〜一九一八）は父の店で修業を積み、一八六九年にマンチェスターに「ブルックボンド」を創業しました。店の名前は、自らの名前「ブルック」に、耳に心地よい「ボンド」をつけたのだとか。彼は新聞広告に紅茶の宣伝をしばしば載せ、その文章はすべて自身が書いたそうです。「いいお茶はいい仲間を作り、気分を爽快にし、心を開かせ、会話から緊張をとり、人との交際において至福の時間を提供してくれる」。真の茶の価値を理解していたアーサーの文章は人びとの心を打ちました。

　一九五〇〜六〇年代、広告宣伝が得意だったブルックボンド社は、個包装茶にティーカードのおまけをつけることで、顧客の心をつかみます。ティーカードは五〇種類もあり、とくに子どもたちはカード集めに夢中になりました。一九六〇年代は歴代の英国王の肖像画がティーカードになり、これも高い人気がありました。これらのカードは、現在もアンティーク市場の人気商品となっています。

ブルックボンド社は英国では「ピージーチップス」、カナダでは「レッド・ローズ」、インドでは「タージマハール」、日本では「ブルックボンド」と、その国の人が親しみやすいブレンド名で紅茶を販売し、現在も世界的に大きなシェアを維持しています。

英国王室のカードは人気です。紅茶好きだったアン女王もいます。（Brooke Bondのティーカード／1960年代）

英国に咲く植物をテーマにしたカード。（Brooke Bondのティーカード／1950年代）

「レッド・ローズ」の車体には赤い薔薇も描かれています。（Brooke Bond／1987年）

インド国内で人気の「タージマハール」。

ティータオルでふり返る英国紅茶の歴史

1

東洋文化の流行
英国紅茶の歴史は、東洋由来の緑茶が薬・貴重品としてたしなまれることから始まりました。

2

トワイニング社創業
1706年に創業したトワイニング社は、英国の茶の歴史を牽引しました。

3

銀のティーポットの流行
アン女王の影響で18世紀、純銀のティーポットが流行しました。

4

ボストンティーパーティー事件
喫茶文化は植民地アメリカにも普及しますが、税金の問題からボストンティーパーティー事件が起きてしまいます。

5

陶磁器の発展
国内陶磁器産業が活発化した18世紀末。英国でも磁器の美しいティーカップが作られるようになりました。

6

インドでの茶栽培の開始
インド、セイロンでの茶産地の開拓により、茶が国民飲料となっていきました。

9

クリッパー

茶をより早く運ぶために作られたクリッパー（快速帆船）は、レースとしても人気となりました。

7

アフタヌーンティーの流行

貴族の館ウーバンアビーから始まったアフタヌーンティーの習慣は、多くの女性を虜にしました。

8

紅茶量り売り

高級品だった紅茶は、量り売りのスタイルで販売されるのが伝統でした。

10

『ビートンの家政本』の流行

カリスマ主婦ビートン夫人の登場は、中産階級の女性に紅茶の淹れ方や茶会の開き方を浸透させました。

14

ティールームの流行

オールドスタイルのティールームで提供される伝統的な英国菓子と紅茶は、英国のイメージそのものになりました。

13

ティーバッグの普及

アメリカで商品化されたティーバッグは、第２次世界大戦後、英国でも広く普及しました。

12

ブレンドティーの流行

19世紀末、ブレンドされた紅茶を個包装で売るスタイルが定着しました。

11

ナーサリー教育

子どもたちも人形遊びを通してティーメイクの教育を受けました。

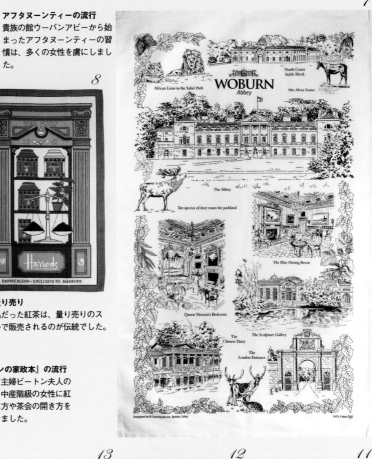

オールドスタイルのティールームで楽しむ人気ティーフード

ヴィクトリア朝後期、食材が豊かになり、オーブンが普及したことによって、家庭で手作りのお菓子を楽しむ人も増えました。『ビートンの家政本』にも当時のお菓子のレシピがたくさん載っています。もちろん現在では見かけなくなってしまったお菓子もありますが、変わらずに愛されているお菓子もあります。英国に行ったらぜひ楽しんでいただきたいティーフードをご紹介します。

オールドスタイルのティールームで食べる英国伝統菓子は、旅行者にも大人気です。

レモンケーキ
レモンケーキもヴィクトリア朝から愛される定番のお菓子です。レモン風味のアイシングをかけるのがポイントです。

スコーン
スコーンの発祥は19世紀末といわれています。スコットランドに伝わるパン「バンノック」が、ベーキングパウダーの発明によって膨らみ、空気が入ることで食感が変わり、砂糖などが加えられたお菓子になりました。クロテッドクリームとベリー系のジャムをつけていただくのが基本ですが、北イングランドやスコットランドではバターをつけて食べることもあります。

キャロットケーキ
砂糖不足になった第2次世界大戦中、甘みのあるニンジンはケーキに加工され、ティータイムの定番となりました。粗めに下ろしたニンジンの食感が独特です。

ヴィクトリアン・サンドウィッチ
ヴィクトリア女王のアフタヌーンティーで出されたお菓子として、絶大な支持を集めた英国菓子の代表。2つの型でスポンジを焼き、間にジャムやクリーム、レモンカードをサンドします。

サンドウィッチ
サンドウィッチの具材はサーモンやキュウリ、卵、ローストビーフなどが定番です。ヴィクトリア朝のアフタヌーンティーでは、豚肉や牛肉で作られることが多かったのですが、1870年代から、キュウリのサンドウィッチが人気になります。当時のキュウリは輸入品または温室栽培品だったので、とても高価でした。さらにキュウリは水分が多いため作りおきができないことも、客人のための特別な材料とされ、家の格を表すステイタスとしても使われました。

コーヒーウォールナッツケーキ
紅茶にコーヒー味のケーキ？　と驚かれる方もいるかと思いますが、どのティールームのメニューにもある人気のケーキです。ヴィクトリア朝のティールームでも人気でした。

おわりに

私たちの紅茶教室では、初級クラスで英国紅茶の歴史の勉強をしていただいています。紅茶を学ぶうえで、紅茶を飲料として大成させた英国紅茶文化を知ることが大切だと思うからです。しかし、おいしい紅茶の淹れ方を知りたいと学び始めた生徒の方々のなかには、歴史は学生時代苦手科目の一つで……とおっしゃられる方もいます。そんな方によい効果をもたらした教材の一つがアンティーク画でした。新聞や雑誌に掲載されたティータイムのイラストは、当時の紅茶の楽しみ方を文字以上にわかりやすく伝えてくれます。レッスンの資料として、紅茶にまつわるアンティーク画の収集を始めたことから、本書の執筆の機会に恵まれました。

限られた資料枠に対し、どのアンティーク画を載せようか選択する過程は楽しく、そして悩ましい作業でした。文章だけでは伝えきれない歴史の一コマを「図版」からも感じていただけたら嬉しいです。現在英国では九六パーセントの人がティーバッグで紅茶を淹れており、さらにペットボトルの紅茶や、お湯に溶かすだけで仕上がるインスタントティーも少しずつスーパーの売り場に並ぶようになっています。英国紅茶の未来がこの先どのような方向に進んでいくかは不確かですが、長い歴史のなかで英国紅茶にかかわった先人たちの、紅茶に対する憧れや、一杯の紅茶から得られる安らぎは、生き続けてほしいと思います。

「英国紅茶の歴史をまとめませんか？」と編集部の村松恭子さんにお声かけいただいた時、諸先輩方の名著を前に躊躇しましたが、村松さんの「Cha Tea 紅茶教室らしく書いてくだされぱいいので」の言葉に勇気をいただきました。また文筆・翻訳家の奥田実紀さんには、『図説 英国ティーカップの歴史』に引き続き、本書の編集にも携わっていただきました。そして紅茶講師として活躍しているティーインストラクターの黒岩純子さんには、友人として、本書の最初の読者として、たくさんの助言をいただきました。ありがとうございます。

「教室に来て歴史が好きになった」。そんなふうにおっしゃってくださる紅茶教室の生徒の方々にも、本書をとおしてますます紅茶への愛を深めてもらえることを願います。そして本書を手にとってくださった読者の皆さま、まだまだ発展途上の小さな教室ゆえ、いたらぬ点も多々あるかと思いますが、この本が英国紅茶に興味を持っていただくきっかけとなれば幸いです。

Cha Tea 紅茶教室代表　立川 碧

1904	セントルイス万国博覧会で、英国人のリチャード・ブレチンデンが「アイスティー」を提供。 アメリカの茶商トーマス・サリバンが「ティーバッグ」を商品化。
1905	タイフー社創業。医師が勧める紅茶として話題を呼ぶ。
1906	明治屋、日本で初めてリプトン社のパケットティーを輸入。
1908	ブルックボンド社、荷馬車での紅茶の配達を始める。
1913～	ホテルでのティーダンスの流行。
1914	第一次世界大戦開戦。
1917	第一次世界大戦中、紅茶が配給食品に指定される。
1930	茶の学名が「カメリア・シネンシス」に統一決定される。
1931	W・マックカーチャーによってCTC機が開発される。
1933	インド、セイロン、インドネシアが「国際茶協定」に調印。 「国際茶業委員会」設立。
1935	ウィリアム・H・ユーカース著『オール・アバウト・ティー』刊行。

1939	第二次世界大戦開戦。
1940～	紅茶が配給制になる。
1946	ジョージ・オーウェル著『一杯のおいしい紅茶』刊行。
1953	英国でのティーバッグ販売が始まる。
1958	水に溶かす粉末タイプのインスタントティーがアメリカで誕生。
1970～	オールドスタイルのティールームの流行。
1985	ティーギルド「UKティーカウンシル」設立。
1998	ロンドンのティーオークションセンターが閉鎖。
2003	英国王立化学協会が「一杯の完璧な紅茶の淹れ方」を発表。
2005	トレゴスナン・エステートが商業用国内栽培茶の収穫を発表。
2012	「カティサーク」「ボストンティーパーティー・シップス＆ミュージアム」リニューアルオープン。

参考文献

『茶の世界史　緑茶の文化と紅茶の社会』角山栄　中央公論新社　1980. 12
『一杯の紅茶の世界史』磯淵猛　文藝春秋　2005. 8
『紅茶画廊へようこそ』磯淵猛　扶桑社　1996. 10
『紅茶の文化史（春山行夫の博物誌7）』春山行夫　平凡社　1991. 2
『英国紅茶論争』滝口明子　講談社　1996. 8
『英国紅茶の話』出口保夫　東京書籍　1982. 7
『新訂　紅茶の世界』荒木安正　柴田書店　2001. 4
『茶ともてなしの文化』角山榮　ＮＴＴ出版　2005. 9
『大帆船時代　快速帆船クリッパー物語』杉浦昭典　中公新書　1979. 6
『東インド会社　巨大商業資本の盛衰』浅田實　講談社現代新書　1989. 7
『紅茶を受皿で　イギリス民衆芸術覚書』小野二郎　晶文社　1981. 2
『お茶の歴史』ヴィクター・H・メア、アーリン・ホー、忠平美幸訳　河出書房新社　2010. 9
『［年表］茶の世界史』松崎芳郎　八坂書房　2007. 12
『イギリス王室物語』小林章夫　講談社　1996. 1
『英国王室史話　上・下』森護　中央公論新社　2000. 3
『〈インテリア〉で読むイギリス小説　室内空間の変容』久守和子、中川僚子　ミネルヴァ書房　2003. 5
『〈食〉で読むイギリス小説　欲望の変容』安達まみ、中川僚子　ミネルヴァ書房　2004. 6
『英国アンティーク　お茶を楽しむ』大原照子　文化出版局　1995. 11
『食卓のアンティークシルバー　Old Table Silver』大原千晴　文化出版局　1999. 9
『アンティークシルバー物語　銀器にまつわる、人々の知られざるストーリー』大原千晴　主婦の友社　2009. 11
『英国骨董紅茶銀器 シリーズ1』日本ブリティッシュアンティークシルバー協会　2000. 4
『英国骨董紅茶銀器 シリーズ2』日本ブリティッシュアンティークシルバー協会　2000. 10
『英国骨董紅茶銀器 シリーズ3』日本ブリティッシュアンティークシルバー協会　2001. 1
『ヨーロッパ宮廷陶磁の世界』前田正明、櫻庭美咲　角川学芸出版　2006. 1
『絵で見るお茶の5000年　紅茶を中心とした文化史』デレック・メイトランド、ジャッキー・パスモア、井ケ田文一訳　金花舎　1994. 8
『絵画と文学　ホガース論考』櫻庭信之　研究社　1987
『紅茶のすべてがわかる事典』Cha Tea紅茶教室　ナツメ社　2008. 12
『珈琲・紅茶の研究 別冊暮らしの設計 No. 2』中央公論社　1980. 3
『珈琲・紅茶の研究PARTⅡ 別冊暮らしの設計 No. 7』中央公論社　1981. 7
『AGORA 2014・1・2合併号』JAL
『茶の博物誌　茶樹と喫茶についての考察』ジョン・コークレイ・レットサム、 滝口明子訳　講談社　2002. 12
『知っておきたい英国紅茶の話』出口保夫　ランダムハウス講談社文庫　2008. 9
『図説　英国貴族の城館　カントリー・ハウスのすべて』田中亮三、増田彰久　河出書房新社　1999. 1
『図説　英国レディの世界』岩田託子、川端有子　河出書房新社　2011. 2
『図説　英国ティーカップの歴史　紅茶でよみとくイギリス史』Cha Tea紅茶教室　河出書房新社　2012. 5
『図録　紅茶とヨーロッパ陶磁の流れ』名古屋ボストン美術館　2001. 3
『世界の紅茶　400年の歴史と未来』磯淵猛　朝日新聞出版　2012. 2
『30分で人生が深まる紅茶術』磯淵猛　ポプラ社　2014. 2
『お茶の歴史（「食」の図書館）』ヘレン・サベリ、竹田円訳　原書房　2014. 1
『ティールームの誕生　〈美覚〉のデザイナーたち』横川善正　平凡社　1998. 4
『イギリス紅茶事典』三谷康之　日外アソシエーツ　2002. 5
『現代紅茶用語辞典』日本紅茶協会　柴田書店　1996. 8
『茶の世界史　中国の霊薬から世界の飲み物へ』ビアトリス・ホーネガー　平田紀之訳　白水社　2010. 2
『紅茶の保健機能と文化』佐野満昭、斉藤由美　アイ・ケイ　コーポレーション　2008. 5
『紅茶・珈琲誌』E・ブラマー、梅田晴夫訳　東京書房社　1974
『紅茶入門（食品知識ミニブックスシリーズ）』清水元　日本食糧新聞社　2011. 5
『茶の帝国　アッサムと日本から歴史の謎を解く』アラン・マクファーレン、アイリス・マクファーレン、鈴木実佳訳　知泉書館　2007. 3
『アッサム紅茶文化史』松下智　雄山閣出版　1999. 12
『ロマンス・オブ・ティー　緑茶と紅茶の1600年』W. H. ユーカース、杉本卓訳　八坂書房　2007. 6
『プラントハンター　ヨーロッパの植物熱と日本』白幡洋三郎　講談社　1994. 2
『紅茶スパイ　英国人プラントハンター中国をゆく』サラ・ローズ、築地誠子訳　原書房　2011. 12
『路地裏の大英帝国　イギリス都市生活史』角山榮、川北稔　平凡社　1982. 2
『紅茶が動かした世界の話』千野境子　国土社　2011. 2
『お茶の世界の散歩道』森竹敬浩　講談社出版サービスセンター　2009. 6
『名画の食卓を読み解く』大原千晴　大修館書店　2012. 7
『砂糖の世界史』川北稔　岩波ジュニア新書　1996. 7
『ダージリン茶園ハンドブック』ハリシュ C. ムキア　井口智子訳　R.S.V.P.　丸善出版　2012. 7
『紅茶レジェンド　イギリスが見つけた紅茶の国』磯淵猛　土屋書店　2009. 1
『RSVP　憧れのティータイム　No. 13』R.S.V.P,　2013. 10
『where to take Tea』 Susan Cohen, New Holland, 2008.
『The House of Twining 1706-1956』S.H. Twining, Twining, 1956.
『Talking of TEA』Gervas Huxley, John Wagner, 1956.
『TEACRAFT』CHARLES & VIOLET SCHAEFR, YERBA BUENA PRESS, 1975.
『Tea Dictionary』Devan Shah & Ravi Sutodiya, Tea Society, 2010.
『My Cup of Tea』Sam Twining, Vision On Publishing, 2002.
『James Norwood Pratt's Tea Dictionary』James Norwood Pratt, Devan Shah, Tea society, 2005.
『Tea MAGAZINE』2012. 7-8.
『A DISH OF TEA』Susan N. Street, Bear Wallow books, Publishers, Inc., 1998.
『CHILDREN'S Tea Parties』A Remember When Book, 2004.
『Tea: The Drink That Changed the World』Laura C. Martin, TUTTLE PUBLISHING, 2007.
『MRS. BEETON'S HOUSEHOLD MANAGEMENT』Isabella Beeton, Ward, Lock, 1907.
『MRS. BEETON'S BOOK OF HOUSEHOLD MANAGEMENT』OXFORD WORLD'S CLASSICS, NICOLA HUMBLE, Oxford University Press Inc., 2000.
『tea-cup fortune telling at-a-glance』MINETTA, I & M OTTENHEIMER, 1953.
『ENGRAVINGS BY HOGARTH』SEAN SHESGREEN, DOVER, 1973.
『TEA with Mrs. BEETON』Cherry Randell, Distributed by Starling Pub. Co., 1990.
『FIVE O'CLOCK TEA』W. D. HOWELLS, Harper and brothers, 1894.
『TEA: EAST＆WEST』RUPERT FAULKNER, V&A, 2003.

英国紅茶にまつわる歴史年表

BC2737	中国の炎帝神農が初めて茶を口にする。
380～	喫茶の習慣が四川省から揚子江沿いの各地に広がる。
493～	中国が、トルコと茶・絹・陶磁器の貿易を開始。
760	陸羽が『茶経』を著す。
804	日本の留学僧が中国の飲茶の習慣を知る。日本に緑茶が伝わる。
815	永忠が梵釈寺で嵯峨天皇のために茶を煎じる（『日本後記』より）。
1191	栄西が茶の種子を平戸の千光寺と脊振山の霊仙寺の石上坊の庭にまく。
1211	栄西が『喫茶養生記』を完成。3年後、源実朝に茶とともに献じる。
1379	宇治の茶が特別の庇護を受け、茶の湯が普及、発展する。
1545	ジョヴァンニ・バティスタ・ラムージオが著書『航海と旅行』で茶をヨーロッパに紹介。
1598	リンスホーテンの著書『航海談』がロンドンで出版。
1600	イギリス東インド会社創立。
1602	オランダ東インド会社創立。
1610	オランダが中国茶、日本茶を輸入。オランダで茶が流行する。
1630～	オランダがフランス、ドイツに茶や中国陶磁器を輸出する。
1640～	オランダの上流階級で喫茶が流行。清教徒革命でオランダに亡命していた英国貴族が喫茶を知る。
1650	英国に初のコーヒーハウスが開店。
1657	ロンドンのコーヒーハウス「ギャラウェイ」で茶が販売される。
1659	英国で初めて武夷（ボヒー）茶を販売。
1660	コーヒーハウスで提供される茶に税金がかけられる。
1662	ポルトガルのキャサリン王女が英国王に輿入れする。
1679	英国で初のティーオークションが開催される。
1680	フランスでミルクティーの習慣が生まれ、英国にも伝えられる。
1685	メアリ・オブ・モデナにより茶を受け皿に移して飲むオランダ式喫茶が流行。
1689	コーヒーハウス内での茶の税金が撤廃され、茶葉に関税がかけられる。 英国と中国間で茶の直接貿易がスタート。
1690	英国領ボストンで喫茶店がオープン。
1702	銀のティーポットが流行。
1706	トーマス・トワイニングがコーヒーハウス「トムズ・コーヒーハウス」を開く。
1707	フォートナム＆メイソン創業。
1717	トワイニング社が、茶専門店「ゴールデン・ライオン」を開店。
1721	東インド会社が茶の輸入の全権を独占。茶税が上がり、茶の密輸が横行する。
1723	保税倉庫の使用が義務づけられる。
1730～	英国国内で茶の有害説が唱えられ「茶論争」に発展。
1732～	ティーガーデンが流行し、野外での喫茶の習慣が始まる。
1740～	ティーボウルにハンドルがつき、ティーカップが登場。
1757	中国が茶や陶磁器などの制限貿易を開始し、英国の赤字が進む。
1767	「タウンゼンド諸法」が成立、アメリカでの茶のボイコット活動が始まる。
1772	ジョン・コークレイ・レットサム著『茶の博物誌』が刊行。
1773	アメリカに向けて成立した「茶法」を受け、「ボストンティーパーティー事件」が起こる。
1776	「ボストンティーパーティ事件」はアメリカ独立戦争に発展、この年アメリカは独立宣言。
1784	リチャード・トワイニングの申し入れにより、首相ウィリアム・ピットが茶の減税を実施。
1793～	英国政府、全権大使マカートニーを中国に派遣するも制限貿易撤廃実現せず。 中国への阿片の密輸が進む。
1799	スポード窯がボーンチャイナの実用化に成功。
1806	中国に派遣されていた使節団が武夷茶をグレイ伯爵に贈る。
1812	メルローズ社創業。
1813	対インド貿易が自由化。
1823	ロバート・ブルースがインドのアッサム地方で、茶樹を発見する。
1830～	「絶対禁酒」運動が始まる。
1833	対中国貿易が自由化。快速帆船クリッパー誕生。
1834	インド総督ベンティンクが「茶業委員会」を発足。
1836	リッジウェイ社創業。
1837	テトリー社創業。
1838	アッサム産の茶が英国本国に発送され、高評価を受け、本格栽培が進む。
1839	中国で阿片の取り締まりが始まる。
1840	阿片戦争開始。貴族階級でアフタヌーンティーの習慣が始まる。
1841	セイロンのキャンディで、初めて茶樹が栽培される。
1842	南京条約締結。香港が割譲（1997年返還）。
1845～	アイルランドでジャガイモ飢饉が発生。アイルランド難民が世界に渡っていったことで喫茶の習慣が世界中に広まる。
1847	ロバート・フォーチュンが「緑茶」と「烏龍茶」は同じ茶樹から生産されていることを伝える。
1849	航海条令の撤廃により、アメリカのクリッパーが茶貿易に参入。ティークリッパーレースに発展。
1851	世界初のロンドン万国博覧会の開催。
1852	ロバート・フォーチュンが入手した武夷茶の苗木、製造方法がインドのダージリンに伝えられ、商業的茶園が開設される。
1860～	セイロンのコーヒー農園がサビ病により大打撃。 鉄道の1等車でのティーサービスが始まる。
1861	『ビートンの家政本』刊行。 コルカタでの原産地オークションのスタート。
1866	駅のプラットフォームでの紅茶の販売が始まる。
1867	ジェームズ・テーラーがキャンディ郊外のルーラコンデラで茶園の開拓を開始。
1869	スエズ運河が開通し、ティークリッパー時代が終わる。 ブルックボンド社創業、ブレンドした個包装茶を発売。
1871	リプトン社創業。
1872	ウィリアム・ジャクソンが製茶機を発明。
1873	最初のセイロン茶がロンドンのティーオークションに上場される。
1876	政府は多田元吉らをインドの茶園に派遣。
1878	日本で「紅茶製法伝習規則」に基づき、全国に伝習所が設置される。
1881	「ダージリン・ヒマラヤ鉄道」開通。
1884	ロンドンにABCのティールームがオープン。
1886	マザワッテ社創業、新聞・雑誌で紅茶会社の宣伝を始める。
1887	日本に初めて外国産の紅茶が輸入される。
1890～	トーマス・リプトンがセイロンの茶園を買い上げる。 英国北部の農村地帯を中心にハイティーが普及。
1894	ライオンズ社創業。
1896	A・V・スミスが「ティーボウル」を完成させる。
1899	「ニルギリ山岳鉄道」開通。
1903	アフリカで紅茶の栽培が本格化。

◉著者略歴

Cha Tea 紅茶教室（チャティー こうちゃきょうしつ）
二〇〇二年開校。山手線日暮里駅近くの代表講師の自宅（英国輸入住宅）を開放してレッスンを開催している。教室内でのレッスンのほか、早稲田大学オープンカレッジをはじめとする外部セミナー、企業セミナー、紅茶講師養成、紅茶専門店のコンサルタント、各種紅茶イベント企画も手がける。紅茶の輸入、ネット販売も営む。二〇二一年に紅茶と洋菓子の専門店〈Cha Tea〉をオープン。
著書に『図説 英国ティーカップの歴史——紅茶でよみとくイギリス史』『図説 英国紅茶の歴史』『図説 ヴィクトリア朝の暮らし——ビートン夫人に学ぶ英国流ライフスタイル』『図説 ヨーロッパ宮廷を彩った陶磁器——プリンセスたちのアフタヌーンティー』『図説 英国 美しい陶磁器の世界——イギリス王室の御用達』『英国のテーブルウェア——アンティーク&ヴィンテージ』（ともに河出書房新社）、監修に『紅茶のすべてがわかる事典』（ナツメ社）など。

紅茶教室ＨＰ　http://tea-school.com/
Twitter アカウント　@ChaTea2016

ふくろうの本

新装版
図説 英国紅茶の歴史

二〇一四年　五　月三〇日初版発行
二〇二一年　五　月二〇日新装版初版印刷
二〇二一年　五　月三〇日新装版初版発行

著者……………………………Cha Tea 紅茶教室
装幀・デザイン……………水橋真奈美（ヒロ工房）
発行者…………………………小野寺優
発行……………………………株式会社河出書房新社
〒一五一-〇〇五一
東京都渋谷区千駄ヶ谷二-三二-二
電話　〇三-三四〇四-一二〇一（営業）
〇三-三四〇四-八六一一（編集）
https://www.kawade.co.jp/
印刷……………………………大日本印刷株式会社
製本……………………………加藤製本株式会社

Printed in Japan
ISBN978-4-309-76301-9